あなたにもできる
やさしいフランス語ガイド

井上　富江
Stéphane CLAIR

イラスト：松﨑由紀子

本書には別売りCD（定価　本体1500円＋税）があります．どうぞご利用下さい．
（吹込者）　Sandrine SOULIER
　　　　　　Simon TUCHAIS

はしがき

　全世界の人々が集うワールドカップやオリンピックという世界的な催しが日本で行われるとともに，世界の人々の交流の場が多くなってきました．

　日本にもたくさんのフランス語圏の人々がビジネスにあるいは観光に訪れる機会も増えてきました．ヨーロッパやアフリカ，中南米やアジアの，英語圏ではない人たちにとっても，フランス語で話しかけられるとホッとすることが多いのも事実です．そんな時少しでもフランス語をかじったことのある人たちに，またこれから一寸フランス語をやろうとする人たちに，少しでも手軽で簡単なやさしいガイドブックがあったら，きっと重宝するに違いないと思って編纂してみました．

　このテキストは三部からなっています．第一部は簡単なガイドのための文例を集めてみました．何回も同じ構文を使って慣れていただくようになっています．

　第二部ではそれを使った応用編になっています．第一部で覚えていただいた構文を生かしながらより日常生活に密着したテーマを選んであります．日本の食事やサッカーの試合の用語集も入れています．きっと親しくなった外国の方々といろんな話をするきっかけになる格好の話題かと思います．

　第三部はもう少しすすんで，日本を紹介したい時に役にたつ表現を集めてみました．お友達になった諸外国の方々と日本の伝統文化や衣裳，宗教，スポーツ等伝統文化の紹介の仕方を挙げ，興味をもって会話できる状況での言い回しを集めています．挿し絵を上手に使っていただいて，楽しい一時を過ごしていただけると思います．巻末にはこのテキストで使われた単語が挙げられています．

　誰でも手軽に，世界中のたくさんの方々との友好に役立てていただけるように編纂しました．このテキストで一人でもたくさんの方たちが，日本をガイドしていただけるように願っています．

　　2002年　春

　　　　　　　　　　　　　　　　　　　　著　者

目 次

第1部　簡単なガイド

1. フランス語で挨拶する　Les salutations en français（会話1-3） ……………2
2. フランス語で自己紹介する　Se présenter en français（会話1-3） ……………5
3. 職業と趣味　Travail et passe-temps（会話1-3） ……………8
4. フランス語で電話をする　Téléphoner en français（会話1-3） …………12
5. バスに乗る　Prendre le bus（会話1-3） ……………16
6. 招待　勧誘　Invitation（会話1-3） …………21
7. 道を聞く　Demander son chemin（会話1-3） ……………26
8. 喫茶店（レストラン）で　Commander au café / au restaurant（会話1-3） ……31
9. 買い物をする　Faire des courses（会話1-3） ……………35
10. 予約をとる　Prendre rendez-vous (Chez le médecin ou le dentiste...)（会話1-2） ……………39
11. 郵便局で　Aller à la poste（会話1-2） ……………42

第2部　応用編

1. 情報　Informations（会話1-2） ……48
2. 銀行　買い物　A la banque et faire des courses（会話1-2） …………52
3. 若者の流行　La mode des jeunes（会話1-2） ……………56
4. バスに乗る　Prendre le bus（会話1） ………60
5. タクシーを呼ぶ　Appeler un taxi（会話1-2） …62
6. 緊急時の対応　En cas d'urgence

7	日本の食事	(会話1-5)……………65 Les repas japonais（会話1）……74
8	サッカーの試合	Match de football （会話1-2）………………………78

第3部　日本の文化

1	お風呂　温泉	Bains japonais et les stations thermales（会話1-2）…………88
2	日本の宗教	La religion japonaise （会話1）……………………………94
3	日本の伝統文化	La culture traditionnelle （会話1）……………………………97
4	着物とスポーツ	Les vêtements traditionnels et les sports japonais （会話1-2）………………………100
5	歌舞伎	Le Kabuki ……………………………105
6	能と狂言	Le Nô et le Kyôgen……………107
7	寿司	Le Sushi ……………………………109

Vocabulaire ……………………………………………………………113

Première partie

Conversation 1

A : Bonjour.
ボンジュール

B : Bonjour, comment allez-vous ?
ボンジュール　　　　　コマンタレヴ

A : Très bien merci. Et vous ?
トレビアン　　メルシ　エ　ヴ

B : Très bien merci. Enchanté(e).
トレビアン　　メルシ　　アンシャンテ

A : Enchanté(e). Bienvenue au Japon.
アンシャンテ　　　　ビヤンヴニュ　オ　ジャポン

A：今日は．
B：今日は，お元気ですか？
A：元気です．どうもありがとうございます．そちらもお元気ですか？
B：元気です．どうもありがとうございます．はじめまして．
A：はじめまして．よろしくお願いします．日本へようこそ．

Expressions

Bonjour. ボンジュール	今日は	Bonsoir. ボンソワール	今晩は
Au revoir. オ ルヴォール	さよなら	A bientôt. ア ビヤント	また会いましょう

Enchanté(e) / Ravi(e).　　　はじめまして．よろしくお願いします
アンシャンテ　　ラヴィ　　　　（普通）

Enchanté(e) de vous connaître.
アンシャンテ　ドゥ　ヴ　コネートル

Enchanté(e) de faire votre connaissance.
アンシャンテ　ドゥ　フェール　ヴォトル　コネッサンス

　　　　　　　はじめまして．よろしくお願いします（丁寧）

Je suis très heureux(euse) de faire votre connaissance.
ジュスイ　　トレズルー（ルーズ）　ドゥ　フェール　ヴォトル　コネッサンス

　　　　　　　はじめまして．よろしくお願いします（とても丁寧）

Moi de même.　　　　　　　こちらこそ，よろしくお願いします
モワ ドゥ メーム

挨拶は朝から夕方まで Bonjour 夕方からは Bonsoir を使います．普通は男性には Monsieur, 女性には Madame, Mademoiselle をつけて言います．親しい時は名前をつけて，Bonjour, Paul (Marie, etc) と言います．

Conversation 2

> **A : Bonjour. Comment ça va ?**
> ボンジュール　　コマン　　　サヴァ
>
> **B : Ça va bien, merci, et vous ?**
> サヴァ　ビヤン　メルシ　エ　ヴ
>
> **A : Bien merci.**
> ビヤン　メルシ

A：今日は，元気ですか？
B：元気です．ありがとう．あなたは？
A：元気です．ありがとう．

Expressions

Ça va ? サヴァ	元気ですか？／元気か？（親しい関係の場合）
Comment ça va ? コマン　サヴァ	元気ですか？
Comment allez-vous ? コマンタレヴ	お元気ですか？（丁寧）

Conversation 3

> **A : C'est l'heure. Je rentre à l'hôtel.**
> セ ルール ジュ ラントル ア ロテル
>
> **B : Très bien. On se voit demain ?**
> トレ ビヤン オン ス ヴォワ ドゥマン
>
> **A : Oui, demain. A demain.**
> ウイ ドゥマン ア ドゥマン
>
> **B : A demain, bonne nuit.**
> ア ドゥマン ボンヌ ニュイ
>
> **A : Bonne nuit. Merci pour tout.**
> ボンヌ ニュイ メルシ プール トゥ
>
> **B : De rien.**
> ドゥリアン

A:時間です.ホテルに帰ります.
B:そうですか.明日又お会いできますか.
A:はい.それでは,また明日.
B:また明日.お休みなさい.
A:お休みなさい.今日は色々とお世話になりました.
B:いいえ,どういたしまして

Expressions

A demain. ア ドゥマン	また明日	A bientôt. ア ビヤント	また近い内に
A tout à l'heure. ア トゥタルール	また後で	Au revoir. オルヴワール	さよなら
Merci. メルシ	ありがとうございます		
Merci beaucoup. メルシ ボークー	どうも,ありがとうございます		
Merci pour tout. メルシ プール トゥ	色々ありがとう(お世話になりました)		
De rien. ドゥリアン	どういたしまして		
Je vous en prie. ジュヴザン プリ	どういたしまして (丁寧)		

Conversation 1

A : Bonjour, je m'appelle François Leroi.
ボンジュール　ジュマペル　　フランソワ　　ルロワ

Enchanté.
アンシャンテ

B : Bonjour, je m'appelle Akiko Tanaka.
ボンジュール　ジュマペル　アキコ　　タナカ

Enchantée de vous connaître.
アンシャンテ　　　ドゥヴ　コネートル

A : Je suis de Paris et vous ?
ジュスイ　ドゥ　パリ　エ　ヴ

B : Je suis de Fukuoka mais j'habite à Tokyo.
ジュスイ　ドゥ　フクオカ　　メ　ジャビッタ　トーキョー

A : Moi, je suis né à Paris et j'habite à Paris.
モワ　ジュスイ　ネ　ア　パリ　エ　ジャビッタ　　パリ

A：今日は，フランソワ・ルロワと申します．どうもはじめまして．
B：今日は，田中明子と申します．どうもはじめまして．よろしくお願いします．
A：パリ出身ですが，田中さんは？
B：福岡出身ですが，東京に住んでいます．
B：私はパリ生まれでパリに住んでいます．

Expressions

Je m'appelle... ジュマペル	と申します
Je suis de... ジュスイ　ドゥ	出身
J'habite à ... ジャビッタ	に住んでいます
Je suis né(e) à ... ジュスイ　ネ　ア	～に生まれました／～生まれです

Conversation 2

A : Bonjour. Je vous présente ma femme Marie.
ボンジュール　ジュヴプレザント　マ　ファム　マリ

B : Bonjour. Enchantée de vous connaître.
ボンジュール　アンシャンテ　ドゥヴ　コネートル

C : Moi de même.
モワドゥメーム

B : Je m'appelle Akiko Tanaka. Bienvenue au Japon.
ジュマペル　アキコ　タナカ　ビヤンヴニュ　オ　ジャポン

C : Merci beaucoup.
メルシ　ボークー

A：今日は．妻のマリを紹介します．
B：はじめまして．よろしくお願いします．
C：こちらこそ，よろしくお願いします．
B：田中明子と申します．日本へようこそ．
C：ありがとうございます．

Expressions

Je vous présente... ジュヴプレザント	…を紹介します		
ma femme　私の妻 マ　ファム		mon mari　私の夫 モン　マリ	
mon fils　私の息子 モン　フィス		ma fille　私の娘 マ　フィーユ	
un ami　友達（男性の） アンナミ		une amie　友達（女性の） ユンナミ	
Bienvenue... ビヤンヴニュ	～へようこそ		

Conversation 3 🔊7

> **A : Est-ce que vous connaissez Paul ?**
> エスク ヴ コネッセ ポール
>
> **B : Non, c'est la première fois.**
> ノン セ ラ プルミエール フォワ
>
> **A : Je vais vous le présenter, Paul ?**
> ジュヴェヴ ル プレザンテ ポール
>
> **C : Oui ?**
> ウィ
>
> **A : Je te présente Akiko Tanaka. Une amie japonaise.**
> ジュトゥプレザント アキコ タナカ ユンナミ ジャポネーズ

A：ポールに会ったことはありますか？
B：いいえ，初めてです．
A：では，紹介しましょう．ポール？
C：はい．
A：田中明子さんを君に紹介するよ．日本人の友達だ．

Expressions

Est-ce que vous connaissez... エスク ヴ コネッセ	～に会ったことがありますか？ ～をご存知でしょうか？
C'est la première fois. セ ラ プルミエール フォワ	初めてです
Ce n'est pas la première fois. スネパ ラ プルミエール フォワ	はじめてではありません
Je vais vous le (la/les) présenter. ジュ ヴェ ヴ ル ラ レ プレザンテ	それでは彼（彼女，彼ら）を紹介します

Conversation 1

A : Est-ce que vous aimez le sport ?

B : Oui, j'aime beaucoup le sport. Surtout le football bien entendu. Et vous ?

A : Oui, moi aussi. J'aime beaucoup le sport mais j'adore aussi le cinéma.

B : Le cinéma ? Quel genre de films ?

A : Les films français. J'aime particulièrement Luc Besson.

A：スポーツが好きですか？
B：はい，とても好きです．勿論サッカーが特に好きです．あなたは？
A：私もそうです．スポーツがとても好きですが，映画も大好きです．
B：映画ですか？どんな映画が好きですか？
A：フランス映画が好きです．特にリュック　ベッソンが好きです．

Expressions

Est-ce que vous aimez...	〜が好きですか？
Oui, beaucoup.	はい，とても
Non, pas beaucoup.	いいえ，あまり
surtout / particulièrement	特に
Quel genre de...	どんな種類の…
J'adore...	…が大好き
Je n'aime pas beaucoup...	〜があまり好きではない

Conversation 2

A : Qu'est-ce que vous faites dans la vie ?
ケスク　ヴ　フェット　ダン　ラ　ヴィ

B : Je suis employé dans une compagnie et vous ?
ジュスイ　アンプロワイエ　ダンジュンヌ　コンパニィ　エ　ヴ

A : Je suis médecin.
ジュスイ　メドゥサン

B : Depuis combien de temps ?
ドゥピュイ　コンビヤン　ドゥ　タン

A : Depuis 10 ans.
ドゥピュイ　ディザン

B : Est-ce que c'est un travail intéressant ?
エスク　セタン　トラヴァイユ　アンテレッサン

A : Oui, j'aime beaucoup mon travail.
ウイ　ジェーム　ボークー　モン　トラヴァイユ

A：お仕事は何ですか？
B：サラリーマンです．あなたは？
A：医者です．
B：いつ頃からですか？
A：10年前からです．
B：面白い仕事ですか？
A：はい，この仕事がとても気に入ってます

Expressions

Qu'est-ce que vous faites dans la vie ? ケスク　ヴフェット　ダン　ラ　ヴィ	お仕事は何ですか？
Je suis... ジュスイ	〜です
Depuis longtemps ? ドゥピュイ　ロンタン	長いですか？
Depuis quand ? ドゥピュイ　カン	いつからですか？
Depuis... ans (mois / jours). ドゥピュイ　アン　モワ　ジュール	〜年（ヶ月／日）前からです

職業と趣味

Travail et passe-temps

Conversation 3

A : Qu'est-ce que vous faites le week-end ?
ケスク　　　　　ヴフェット　ル　　ウィークエンド

B : Je fais du jogging le matin.
ジュフェ　デュ　ジョッギング　ル　マタン

A : Vous êtes très sportif.
ヴゼット　トゥレ　スポルチフ

B : Oh non, pas vraiment. J'aime aussi beaucoup lire tranquillement.
オーノン　パ　ヴレマン　ジェーム　オシ　ボークー　リール　トランキルマン

A : Moi, je ne fais pas de jogging mais je joue parfois au tennis.
モワ　ジュヌフェパ　ドゥ　ジョッギング　メ　ジュジュ　パルフォワ　オ　テニス

B : Moi aussi.
モワ　オシ

A : Dans ce cas, jouons ensemble.
ダンスカ　ジュオン　アンサンブル

B : Je ne sais pas. Vous devez être très forte...
ジュヌセパ　ヴドゥヴェゼートル　トレ　フォルト

A：週末は何をしますか？
B：朝はジョギングをします．
A：スポーツマンですね．
B：いいえ，そんなことないです．静かに読書することもとても好きですよ．
A：私はジョギングはしませんが，テニスなら時々します．
B：私もです．
A：だったら，一緒にテニスをしましょう．
B：どうしよう．とても強いんでしょう？

Expressions

Qu'est-ce que vous faites ?	何をしますか？（職業も聞けますが，間違われないように職業を聞く時は dans la vie をつけて Qu'est-ce que vous faites dans la vie? といいます）

faire du jogging (du ski, du bateau, de la planche à voile)
　　ジョギング（スキー，船あそび，ウインドサーフィン）をする

jouer au tennis (au football, au baseball, aux cartes, du piano, de la guitare)
　　テニス（サッカー，野球，トランプ，ピアノ，ギター）をする

parfois	時々	ensemble	一緒に

Je ne sais pas.　　分りません / どうしよう

Je veux bien.　　したいです

Oui, volontiers. / Oui avec plaisir.　　はい，よろこんで

Non, je ne peux pas. Je suis désolé(e).
　　　　　　　　　　出来ないんです．申し訳ありません．

le matin (l'après-midi, le soir)　朝（午後，夕方）

Conversation 1

> **A : Bonjour. Je m'appelle Akiko Tanaka.**
> ボンジュール　　　　ジュマペル　　　アキコ　　タナカ
>
> **Je voudrais parler à François Leroi, s'il**
> ジュヴードレ　　パルレ　ア　フランソワ　ルロワ　シル
>
> **vous plaît.**
> ヴプレ
>
> **B : Oui, je vous le passe. Ne quittez pas.**
> ウイ　ジュヴ　ル　パッス　ヌ　キテ　パ
>
> **C : Allô?**
> アロー
>
> **A : Allô bonjour. Akiko Tanaka à l'appareil.**
> アロー　ボンジュール　アキコ　タナカ　ア　ラパレイユ
>
> **C : Akiko ? Comment allez-vous ?**
> アキコ　　　コマンタレヴ

A：今日は，田中明子と申します．フランソワ・ルロワさんはいらっしゃいますでしょうか？
B：はい，少々お待ち下さい．
C：はい，もしもし？
A：もしもし，田中明子です．
C：明子さんですか？　元気ですか？

Expressions

Allô. アロー	電話でハローにあたるフランス語は Allô
Je m'appelle... ジュマペル	と申します
Je voudrais parler à ... ジュ ヴドレ パルレ ア	〜はいらっしゃいますか？
Je vous le (la, les) passe. ジュヴ ル ラ レ パッス	はい，少々お待ち下さい（本人（男性か女性か複数かによって le, la, les を使いわける）と代わります）
Ne quittez pas. ヌ キテ パ	そのままでお待ち下さい
... à l'appareil. ア ラパレイユ	こちらは〜です

Conversation 2 🎧12

A : Bonjour. Je m'appelle Akiko Tanaka. Je voudrais parler à François Leroi, s'il vous plaît.

B : Je suis désolé(e). Il n'est pas là en ce moment.

A : Quand puis-je le rappeler ?

B : Dans environ une heure.

A : Très bien. Je vais rappeler. Merci beaucoup.

B : Je vous en prie.

- A：今日は，田中明子と申します．フランスワ・ルロワさんはいらっしゃいますでしょうか？
- B：申し訳ありませんが，今は出かけておりますが．
- A：いつ頃かけ直せばよろしいのでしょうか？
- B：一時間後位には戻っていると思いますが．
- A：分りました．では，又お電話させていただきます．ありがとうございました．
- B：どういたしまして．

Expressions

Je suis désolé(e).	申し訳ありません
Quand puis-je...	いつ頃，よろしいでしょうか？
environ...　〜位	Je vais rappeler.　かけ直します
Je vous en prie.	どういたしまして

フランス語で電話をする

Téléphoner en français

Conversation 3 🌐13

A : Bonjour. Je m'appelle Akiko Tanaka.
ボンジュール　　　　　ジュマペル　　　アキコ　　タナカ

Je voudrais parler à François Leroi, s'il
ジュヴードレ　　パルレ　ア　　フランソワ　ルロワ　シル

vous plaît.
ヴプレ

B : Je suis désolé(e). Il n'est pas là pour le
ジュスイ　　デゾレ　　イルネパラ　　　プール　ル

moment.
モマン

A : Savez-vous à quelle heure il rentre ?
サヴェヴ　　ア　ケルール　　イル ラントル

B : Non, je suis désolé(e). Je ne sais pas exac-
ノン　ジュスイ　　デゾレ　　　ジュヌセパ　　エグザク

tement.
トマン

A : Pouvez-vous lui demander de me rappeler ?
プヴェヴ　　リュイ　ドゥマンデ　ドゥ ム　ラプレ

B : Oui, je lui transmettrai.
ウイ　ジュリュイ　トランスメットレ

A：今日は，田中明子と申します．フランスワ・ルロワさんはいらっしゃいますでしょうか？
B：申し訳ありませんが，今は出かけておりますが．
A：何時に帰るかご存知でしょうか？
B：申し訳ないのですが，はっきりとは分りません．
A：私に電話するように，お伝え願えますか？
B：わかりました．そのようにお伝えします．

Expressions

Je voudrais parler à...	～さんをお願いします
Savez-vous...	～をご存知でしょうか？
Non, je ne sais pas.	いいえ，分りません
Pouvez-vous lui demander de...	～ように，お願いして下さいますか？
Je lui transmettrai	そのように伝えします

丁寧に「～さんをお願いします」という時の Je voudrais～という言い方は覚えておくと便利です．買い物の場合も使えますので…．transmettre は伝言を伝えたり，誰かに「よろしく」という時にも使えます．

Transmettez mes amitiés à Monsieur Legrand.
　　　　　　　　　　　　　　　　ルグランさんによろしく

電話するは appeler, téléphoner, また後で電話するは rappeler を使います．

その他

une télécarte	テレフォンカード
Je suis bien chez... ?	～さんのお宅でしょうか
un message	メッセージ
laisser un message pour...	～へのメッセージを残す
Puis-je lui laisser un message ?	彼（彼女）への伝言をお願いできますか

Conversation 1

A : Excusez-moi...
エクスキュゼ モワ

B : Oui ?
ウイ

A : Je cherche la station de bus.
ジュ シェルシュ ラ スタシオン ドゥ ビュス

B : C'est près d'ici. Vous voyez la gare ?
セ プレ ディシ ヴ ヴワイエ ラ ガール

La station de bus est juste derrière.
ラ スタシオン ドゥ ビュス エ ジュスト デリエール

A : Merci beaucoup.
メルシ ボークー

B : Je vous en prie.
ジュヴザンプリ

A：すみませんが…
B：はい，何でしょうか．
A：バス センターを探しています．
B：この近くにありますよ．駅が見えるでしょう．バス センターはその後ろにあります．
A：ありがとうございます．
B：どういたしまして．

Expressions

Excusez-moi. / Pardon.	すみませんが…
エクスキュゼ モワ　パルドン	
Je cherche...	～を探しています
ジュ シェルシュ	
la station de bus	バス センター
ラ スタシオン ドゥ ビュス	

la gare routière	バス センター（長距離）	l'arrêt de l'autobus	バス停
ラ ガール ルチエール		ラレ ドゥ ロトビュス	

près de	～の近く	loin de	～から遠く	derrière	～の後ろ
プレ ドゥ		ロワン ドゥ		デリエール	

devant	～の前に	à droite	～の右に	à gauche	～の左に
ドゥヴァン		ア ドロワット		ア ゴーシュ	

la gare	（列車）の駅
ラ ガール	

Conversation 2 🌐15

> **A : Excusez-moi.**
> エクスキュゼ　モワ
>
> **Je veux aller au stade. Quel bus dois-je**
> ジュヴ　アレ　オ　スタード　ケルビュス　ドワジュ
>
> **prendre ?**
> プランドル
>
> **B : Il y a plusieurs bus qui vont au stade.**
> イリヤ　プリュジュール　ビュス　キ　ヴォント　スタード
>
> **Le 57 et le 81.**
> ル　サンカントセット　エ　ル　カトルヴァンアン
>
> **A : Où est l'arrêt, s'il vous plaît ?**
> ウ　エ　ラレ　シルヴプレ
>
> **B : L'arrêt du 57 est devant la poste.**
> ラレ　デュ　サンカントセット　エ　ドゥヴァン　ラ　ポスト
>
> **A : Et l'arrêt du 81?**
> エ　ラレ　ドゥ　カトルヴァンアン
>
> **B : L'arrêt du 81 est juste à côté. Vous ne**
> ラレ　デュ　カトルヴァンアン　エ　ジュスタコテ　ヴ　ヌ
>
> **pouvez pas vous tromper.**
> プヴェ　パ　ヴ　トロンペ

A : すみませんが…
　　競技場に行きたいのですが．どのバスに乗ればいいのでしょうか．
B : 競技場行きはたくさんありますよ．57番か81番に乗って下さい．
A : バス停はどこでしょうか．
B : 57番は郵便局の前にあります．
A : 81番は？
B : 81番はすぐ横にあります．間違えることはありません．

Expressions

Je veux aller... _{ジュヴ　アレ}	～へ行きたい
Quel bus dois-je prendre ? _{ケル　ビュス　ドワジュ　プランドル}	どのバスに乗ればいいでしょうか
Où est... _{ウエ}	～はどこですか
C'est très simple. _{セ　トレ　サンプル}	とても簡単です
Vous ne pouvez pas vous tromper. _{ヴ　ヌ　プヴェ　パ　ヴ　トロンペ}	間違えることはありませんよ.

Conversation 3

A : Excusez-moi.
エクスキュゼ モワ

B : Oui, que puis-je faire pour vous ?
ウイ ク ピュイジュ フェール プール ヴ

A : Est ce que ce bus va bien au stade ?
エスク ス ビュス ヴァ ビヤン オ スタード

B : Oui, c'est bien ça.
ウイ セ ビヤン サ

A : A quel arrêt faut-il descendre ?
ア ケラレ フォティル デサンドル

B : Le plus simple est de descendre à l'arrêt
ル プリュ サンプル エ ドゥ デサンドル ア ラレ

SPORTS CENTER-MAE. Le quatrième ar-
スポーツ センター マエ ル カトリエム アレ

rêt.

A : Combien coûte le ticket ?
コンビヤン クット ル ティケ

B : 260 yens.
ドゥサンソワサント エン

A : Merci beaucoup.
メルシ ボークー

A : すみませんが…
B : はい，何かお手伝いできますか．
A : このバスは本当に競技場行きでしょうか．
B : ええ，そうですよ．
A : どの停留所で降りればいいのでしょうか．
B : 一番簡単なのはスポーツセンター前です．4番目の停留所です．
A : お幾らでしょうか．
B : 260円です．
A : ありがとうございます．

Expressions

Puis-je vous aider ? ピュイジュ ヴゼデ	お手伝いしましょうか
Que puis-je faire pour vous ? ク ピュイジュ フェール プール ヴ	何かあなたのためにできますか
prendre le bus (le train, le bateau, l'avion) プランドル ル ビュス ル トラン ル バトー ラヴィオン	バス（列車，船，飛行機）に乗る
Est-ce que ce bus va bien à ... エスク ス ビュス ヴァ ビヤン ア	このバスは本当に～へ行きますか
A quel arrêt... ア ケラレ	どの停留所で…
Combien coûte... コンビヤン クット	～はおいくらでしょうか
le premier※ (deuxième, troisième, quatrième, cinquième...) arrêt ル プルミエ ドゥジエム トロワジエム カトリエム サンキエム アレ	最初（2番目，3番目，4番目，5番目）の停留所

※ premier arrêt は（プルミエラレ）と読みます．

Conversation 1

> **A : Est-ce que vous êtes libre demain soir ?**
> エスク　　　　ヴゼット　　リブル　　ドゥマン　　ソワール
>
> **B : Demain soir ? A quelle heure ?**
> ドゥマン　ソワール　ア　　　　ケルール
>
> **A : A huit heures.**
> ア　ユイトゥール
>
> **B : A huit heures ? Oui, pas de problème.**
> ア　ユイトゥール　　ウイ　パ　ドゥ　プロブレーム
>
> **A : Dans ce cas, retrouvons-nous devant l'hô-**
> ダンスカ　　　　ルトゥルヴォン　　ヌ　　ドゥヴァン　　ロ
>
> **tel.**
> テル

A：明日の夜はお暇でしょうか．
B：明日の夜ですか．何時でしょうか？
A：8時です．
B：8時ですか．大丈夫です．
A：それではホテルの前でお会いしましょう．

Expressions

> Est-ce que vous êtes libre...　　～はお暇でしょうか
> エスク　　　ヴゼット　リブル
>
> ce soir (demain soir / la semaine prochaine)
> ス　ソワール　ドゥマン　ソワール　ラ　スメーヌ　　プロシェーヌ
> 　　　　　　　　　　　　　　　　　今夜（明日の夜，来週）
>
> le premier janvier (le 2 mars / le 12 juin)
> ル　プルミエ　ジャンヴィエ　ル　ドゥ　マルス　ル　ドゥーズ　ジュアン
> 　　　　　　　　　　　　　　　　1月1日（3月2日／6月12日）
>
> 月の名前
>
> janvier / février / mars / avril / mai / juin
> ジャンヴィエ　フェヴリエ　マルス　アヴリル　メ　ジュアン
>
> juillet / août / septembre / octobre / novembre / décembre
> ジュイエ　ウット　セプタンブル　オクトーブル　ノヴァンブル　デサンブル

曜日

lundi / **mardi** / **mercredi** / **jeudi** / **vendredi** / **samedi** /
ランディ　　マルディ　　メルクルディ　　ジュディ　　ヴァンドルディ　　サムディ

dimanche
ディマンシュ

時間の言い方

Quelle heure est-il ?	何時ですか
ケール　　エティル	

Il est	une heure cinq.	1時5分です
イレ	ユヌール　サンク	
	deux heures dix.	2時10分です
	ドゥズール　ディス	
	trois heures et quart.	3時15分です
	トロワズール　エ　カール	
	quatre heures vingt.	4時20分です
	カトルール　ヴァン	
	cinq heures vingt-cinq.	5時25分です
	サンクール　ヴァントサンク	
	six heures et demie.	6時半です
	シズール　エ　ドゥミ	
	sept heures moins vingt-cinq.	7時25分前です
	セットゥール　モワン　ヴァントサンク	
	huit heures moins vingt.	8時20分前です
	ユイットゥール　モワン　ヴァン	
	neuf heures moins le quart.	9時15分前です
	ヌヴール　モワン　ル　カール	
	dix heures moins dix.	10時10分前です
	ディズール　モワン　ディス	
	onze heures moins cinq.	11時5分前です
	オンズール　モワン　サンク	
	midi. / minuit juste.	丁度正午(真夜中の12時)です
	ミディ　ミニュイ　ジュスト	

Conversation 2 🔘18

> A : Est-ce que vous êtes libre ce soir ?
> エスク ヴゼット リブル ス ソワール
>
> B : Oui, pourquoi ?
> ウィ プルクワ
>
> A : Il y a un concert de musique classique. Est-
> イリヤ アン コンセール ドゥ ミュジック クラシック エ
>
> ce que vous aimez la musique classique ?
> スク ヴゼメ ラ ミュジック クラシック
>
> B : Oui, beaucoup.
> ウィ ボークー
>
> A : Vous voulez venir ?
> ヴ ヴレ ヴニール
>
> B : Oui, avec plaisir.
> ウィ アヴェック プレジール

A：今夜お暇でしょうか．
B：ええ，どうしてですか．
A：クラシックのコンサートがあるのですが，クラシック音楽はお好きですか？
B：ええ，とても好きです．
A：いらっしゃいませんか．
B：喜んで．

Expressions

> un concert de musique classique　　クラシックのコンサート
> アン コンセール ドゥ ミュジック クラシック
> le dernier film de Luc Besson　　リュックベッソンの最新の映画
> ル デルニエ フィルム ドゥ リュック ベッソン
> un feu d'artifice 花火　 une exposition de peinture 絵画展覧会
> アン フ ダルティフィス ユンネクスポジション ドゥ パンチュール
> un spectacle de danse　　ダンス　　　　un opéra　　オペラ
> アン スペクタークル ドゥ ダンス アノペラ
> un ballet　　バレエ
> アン バレ
> Voulez-vous (Veux-tu) venir ?　　いらっしゃいませんか
> ヴレヴ ヴチュ ヴニール
> 　　　　　　　　　　　　　　　　　　（親しい時は Veux-tu を使う）

招待　勧誘

Invitation

Conversation 3

A : A quelle heure pouvez-vous venir ?

B : A deux heures. Il fait très beau aujourd'hui.

A : Oui, il fait chaud. C'est un temps parfait.

B : Où se retrouve-t-on ?

A : Devant la gare.

B : Très bien. Je vous attends devant la gare à 2 heures. Est-ce que vous venez en voiture ?

A : Oui, j'ai une voiture rouge.

B : Merci d'avance.

A : Je vous en prie. Je suis impatient de vous voir.

A：何時に来ることができますか？
B：2時に．今日はとても良い天気ですから．
A：そうですね．暑いですね．申し分ない天気ですね．
B：どこでお会いできますか．
A：駅の前で．
B：それでは駅の前で2時にお待ちしております．車でいらっしゃいますか．
A：はい，赤い車でまいります．
B：よろしくお願いします．
A：まかせてください．お会いできるのを楽しみにしています．

Expressions

Pouvez-vous...?	～は可能ですか
Où se retrouve-t-on ?	どこでお会いできますか
Comment venez-vous ?	どのようにしていらっしゃいますか
en voiture (en train / en bus / à pied)	車で（列車で，バスで，徒歩で）
Je suis impatient de...	～を楽しみにしている（待ちきれないという気持ち）
voiture rouge (blanche / bleue / brune / beige / grise / noire	赤い（白い，ブルーの，茶色の，ベージュの，灰色の，黒い）車

天候を現わす表現

Quel temps fait-il ?	天気はいかがですか．
Il fait beau. / Il fait mauvais.	晴れています．天気が悪いです．
Il fait chaud. / Il fait froid.	暑いです．　寒いです．
Il pleut.	雨が降っています．
Il y a du vent.	風があります．
Il neige.	雪が降っています．
Il y a du soleil.	太陽が照っています．
Il y a des nuages.	雲があります．

Conversation 1

> A : Excusez-moi, je cherche la gare...
> エクスキュゼモワ　ジュ　シェルシュ　ラ　ガール
>
> B : La gare ? C'est très facile. Vous allez tout
> ラ　ガール　　セ　トレ　ファシル　　ヴザレ　トゥ
>
> droit et vous tournez à gauche.
> ドロワ　エ　ヴ　トゥルネ　ア　ゴーシュ
>
> A : La première rue à gauche ?
> ラ　プルミエール　リュ　ア　ゴーシュ
>
> B : Oui et la gare est juste devant vous.
> ウィ　エ　ラ　ガール　エ　ジュスト　ドゥヴァン　ヴ
>
> A : Merci beaucoup.
> メルシ　ボークー
>
> B : Je vous en prie.
> ジュヴザンプリ

A：すみません．駅を探しているのですが…
B：駅ですか．とても簡単ですよ．真直ぐ行って，左に曲がって下さい．
A：最初の道を左でしょうか．
B：はいそうです．そうすれば，駅はあなたの前に見えます．
A：ありがとうございます．
B：どういたしまして．

Expressions

> Excusez-moi (Pardon) ...　　すみませんが…
> エクスキュゼ　モワ　　パルドン
>
> Je cherche...　　　　　　　　～を探しています
> ジュ　シェルシュ
>
> tout droit (à gauche / à droite)　　　　真直ぐに（左，右）に
> トゥ　ドゥロワ　ア　ゴーシュ　ア　ドゥロワット
>
> la première (deuxième, troisième, quatrième, cinquième)
> ラ　プルミエール　　ドゥジエム　　トゥロワジエム　　カトリエム　　サンキエム
>
> rue à gauche　　　　　　　最初（2，3，4，5）番目の道を左に
> リュ　ア　ゴーシュ
>
> à droite　　　　　　　　　　右に
> ア　ドゥロワット
>
> La gare est devant vous.　　　駅はあなたの前にあります
> ラ　ガール　エ　ドゥヴァン　ヴ
>
> La gare est à votre gauche.　　駅はあなたの左にあります
> ラ　ガール　エ　タ　ヴォトル　ゴーシュ

Conversation 2 🎧21

> **A : Excusez-moi, pour aller à la poste ?**
> エクスキュゼモワ　プール　アレ　ア　ラ　ポスト
>
> **B : Il faut aller tout droit. C'est derrière la**
> イル　フォ　アレ　トゥ　ドロワ　セ　デリエール　ラ
>
> **gare. Après la bibliothèque.**
> ガール　アプレ　ラ　ビブリオテック
>
> **A : Il faut combien de temps à pied ?**
> イル　フォ　コンビヤン　ドゥ　タン　ア　ピエ
>
> **B : Environ 10 minutes.**
> アンヴィロン　ディ　ミニュット
>
> **A : Est-ce qu'il y a un bus ?**
> エスキリヤ　アン　ビュス
>
> **B : Oui, il y a un bus. L'arrêt est ici.**
> ウイ　イリヤ　アン　ビュス　ラレ　エ　イシ
>
> **A : Dans ce cas, je vais prendre le bus. Merci**
> ダン　ス　カ　ジュ　ヴェ　プランドル　ル　ビュス　メルシ
>
> **beaucoup.**
> ボークー
>
> **B : Je vous en prie.**
> ジュヴザンプリ

- **A :** すみませんが，郵便局に行くにはどう行けばいいですか．
- **B :** 真直ぐに行かなければなりません．駅の裏になります．図書館を過ぎてからです．
- **A :** 徒歩でどの位かかりますか．
- **B :** 10分くらいです．
- **A :** バスはありますか．
- **B :** はい．停留所はここですよ．
- **A :** それではバスに乗ります．ありがとうございます．
- **B :** どういたしまして．

Expressions

Pour aller...? プール アレ	～へ行くには？
Il faut... イル フォ	～しなければなりません
Il faut combien de temps ? イル フォ コンビヤン ドゥ タン	どの位かかりますか
environ... minutes(heures) アンヴィロン ミニュット ウール	約～分（時間）

Conversation 3

A : Excusez-moi. Savez-vous où est la bibliothèque ?
エクスキュゼモワ　サヴェヴ　ウ　エ　ラ　ビブリオテーク

B : Non. Je suis désolé(e), je ne suis pas du quartier.
ノン　ジュスイ　デゾレ　ジュヌスイパ　デュ　カルティエ

A : Merci quand même.
メルシ　カン　メーム

A : Excusez-moi. Savez-vous où est la bibliothèque ?
エクスキュゼモワ　サヴェヴ　ウ　エ　ラ　ビブリオテーク

C : Oui. Il faut prendre la deuxième à droite et ensuite la première à gauche. Vous traversez le pont et...
ウイ　イルフォ　プランドル　ラ　ドゥジエム　ア　ドロワット　エ　アンシュイット　ラ　プルミエール　ア　ゴーシュ　ヴ　トゥラヴェルセ　ル　ポン　エ

A : Excusez-moi. C'est trop compliqué. Est-ce que vous pouvez me faire un plan ?
エクスキュゼモワ　セ　トゥロ　コンプリケ　エス　ク　ヴプヴェ　ム　フェール　アン　プラン

C : Oui, vous avez un stylo ?
ウイ　ヴザヴェ　アン スティロ

A：すみませんが，図書館はどこにあるか御存じでしょうか．
B：いいえ．申し訳ありません．このあたりの者ではありませんので…
A：それでもありがとうございます．
A：すみませんが，図書館はどこにあるか御存じでしょうか．
C：はい．2番目の道を右にそれから最初の道を左に行って下さい．それから橋を渡って…
A：すみません．それでは複雑すぎます．地図を作って下さいませんか．

C：いいですよ．万年筆がありますか．

Expressions

Savez-vous où est... <small>サヴェヴ ウ エ</small>	〜はどこにあるか御存じでしょうか
Pouvez-vous me... <small>プヴェヴ ム</small>	私に〜していただけますか
Avez-vous... <small>アヴェヴ</small>	〜を持っていますか
traverser <small>トラヴェルセ</small>	渡る
la bibliothèque(la mairie, la poste, la gare, la boulangerie, <small>ラ ビブリオテーク ラ メリ ラ ポスト ラ ガール ラ ブーランジュリ</small> le supermarché, le grand magasin) <small>ル シュペールマルシェ ル グラン マガザン</small> 　図書館（市役所, 郵便局, 駅, パン屋, スーパーマーケット, デパート）	
faire un plan <small>フェール アン プラン</small>	地図にする

Conversation 1 🎧23

> **A : Qu'est ce que vous prenez ?**
> ケスク　　ヴ　　プルネ
>
> **B : Je vais prendre un café.**
> ジュヴェ　プランドル　アン　カフェ
>
> **C : Pour moi une bière.**
> プール　モワ　ユンヌ　ビエール
>
> **D : Je prends un thé. Est-ce qu'il y a des**
> ジュ　プラン　アン　テ　　エスキリヤ　デ
>
> **croissants ?**
> クロワッサン
>
> **A : Oui, il y a des croissants.**
> ウイ　イリヤ　デ　クロワッサン

A：何をお召し上がりになりますか．
B：コーヒーをお願いします．
C：私にはビールを．
D：私は紅茶をいただきましょう．クロワッサンはありますか．
A：はい．ございます．

Expressions

> Qu'est-ce que vous prenez ?　何をお召し上がりになりますか．
> ケスク　　　ヴ　　プルネ
> un thé (un café / une bière / un jus d'orange / un chocolat)
> アン　テ　アン　カフェ　ユンヌ　ビエール　アン　ジュドランジュ　アン　ショコラ
> 　　　　　　紅茶（コーヒー，ビール，オレンジジュース，ココア）
> Est-ce qu'il y a...　　　　　～がありますか
> エスキリヤ

Conversation 2 🎧24

> A : Est-ce que vous avez choisi, Madame ?
>
> B : Oui, je prends le menu gastronomique.
>
> A : Avec viande ou poisson ?
>
> B : Je ne sais pas. Qu'est-ce que vous me conseillez ?
>
> A : Le poisson est très bon.
>
> B : Dans ce cas, je vais prendre le poisson. Je vous fais confiance.
>
> A : Merci beaucoup.
>
> B : Qu'est-ce qu'il y a comme desserts ?
>
> A : Il y a des sorbets, des gâteaux, des salades de fruits.
>
> B : Je vais réfléchir.
>
> A : Très bien, Madame. Qu'est-ce que vous buvez ?
>
> B : Juste de l'eau, s'il vous plaît.
>
> A : Très bien, Madame.

A : お決まりでしょうか.
B : 私は食通のためのメニューというのをいただくわ.
A : お肉になさいますか, それともお魚でしょうか.
B : どうしましょう. どちらがおすすめでしょうか.
A : お魚がとてもおいしいですよ.
B : それじゃあお魚にするわ. あなたを信頼して.
A : ありがとうございます.
B : デザートは何がありますか.
A : シャーベット, ケーキ, フルーツサラダがございます.
B : ちょっと考えますね.
A : 結構ですよ. 何をお飲みになりますか.
B : お水で結構です.
A : かしこまりました.

Expressions

Vous avez choisi ?
ヴザヴェ ショワジ
お決まりでしょうか

Oui, je prends...
ウィ ジュ プラン
はい, 〜をいただきます

Non, je ne sais pas.
ノン ジュネセパ
いいえ, 存じません

Qu'est-ce que vous buvez ?
ケスク ヴ ビュヴェ
何をお飲みになりますか

Est-ce que vous voulez...
エスク ヴ ヴレ
〜はいかがでしょうか

Oui, s'il vous plaît.
ウィ シルヴプレ
はい, どうぞお願いします

Non, merci.
ノン メルシ
いいえ, 結構です

Je vais réfléchir.
ジュ ヴェ レフレッシール
もう少し考えてみます

Conversation 3 🌐25

A : Deux cafés et l'addition, s'il vous plaît.
ドゥ カフェ エ ラディッシオン シルヴプレ

B : Voila, Monsieur.
ヴォワラ ムッシユー

A : Est-ce que je peux payer par carte bancaire ?
エスク ジュプ ペイエ パール カルト バンケール

B : Je suis désolé(e), Monsieur. Nous ne prenons pas les cartes bancaires ni les chèques.
ジュスイ デゾレ ムッシユー ヌヌプルノン パ レ カルト バンケール ニ レ シェック

A : Combien ça fait ?
コンビヤン サフェ

B : 580 yens, s'il vous plait.
サンサンカットルヴァン エン シルヴプレ

A：コーヒーを2つとお勘定お願いします．
B：こちらです．
A：クレジットカードでお支払いできますか．
B：申し訳ございませんが，クレジットカードも小切手もお受けできません．
A：おいくらですか．
B：580円です．

Expressions

L'addition s'il vous plaît.　　お勘定お願いします
ラディッシオン　　シルヴプレ

Est-ce que vous acceptez les cartes bancaires ?
エスク　　ヴザクセプテ　　レ　カルト　バンケール
　　　　　　　　　クレジットカードでお支払いできますか

Combien ça fait (Ça coûte combien, C'est combien)?
コンビヤン　サ　フェ　サ　クット　コンビヤン　セ　コンビヤン
　　　　　　　　　おいくらですか

Vous pouvez garder la monnaie.　　おつりは取っておいてください
ヴプヴェ　　　ガルデ　ラ　　モネ

喫茶店（レストラン）で

Commander au café / au restaurant

Conversation 1 🎧26

> A : Bonjour. Je peux vous aider ?
> B : Oui, est-ce que vous vendez des dictionnaires ?
> A : Oui bien sûr. Quel genre de dictionnaire cherchez-vous ?
> B : Je cherche un dictionnaire français-anglais.
> A : Nous en avons plusieurs. Par ici, je vous en prie.

A : こんにちは．お手伝いしましょうか．
B : はい．辞書を売っていますか．
A : はい．もちろんですよ．どんな辞書をお探しでしょうか．
B : 仏英辞書を探しています．
A : たくさんございますよ．ここからどうぞ．

Expressions

Est-ce que vous vendez...	～を売っていらっしゃいますか
Quel genre de... cherchez-vous ?	どんな～を探していらっしゃいますか
Je cherche...	～を探しています
le rayon	売り場
le rez-de-chaussée	1階
le premier※ (deuxième, troisième, etc) étage	2（3，4）階

※ premier étage は liaison（リエゾン）します．
（プルミエ レタージュ）

買い物をする

Faire des courses

Conversation 2

> A : Je peux vous aider ?
> ジュプヴゼデ
>
> B : Oui, je voudrais essayer ces chaussures.
> ウイ　ジュ　ヴドレ　エセイエ　セ　ショシュール
>
> A : Quelle pointure faites-vous ?
> ケル　ポワンチュール　フェットーヴ
>
> B : Je fais du 39.
> ジュフェ　デュ　トラントヌッフ
>
> A : Est-ce que ça va ?
> エスク　サヴァ
>
> B : Non, elles sont un peu petites. Est-ce que
> ノン　エルソン　アンプ　プティット　エスク
> vous avez la pointure au dessus ?
> ヴザヴェ　ラ　ポワンチュール　オ　ドゥシュ
>
> A : Je vous l'apporte tout de suite.
> ジュ　ヴ　ラポルト　トゥ　ドゥ　シュイット

A：お役にたてますか．
B：ええ，この靴を試してみたいのですが…
A：サイズはどの位でしょうか．
B：39です．
A：これでいかがでしょうか．
B：いいえ，それはちょっと小さいです．もう一つ上のサイズがありますか．
A：すぐお持ちします．

Expressions

Quelle pointure faites-vous ? ケル　ポワンチュール　フェットーヴ	サイズはどの位でしょうか（靴）
Quelle taille faites-vous ? ケルタイユ　フェットヴ	サイズはどの位でしょうか（洋服）
en dessus (en dessous) アン　ドゥシュ　アンドゥス	もう一つ上（下）の
Est-ce que vous avez la taille (la pointure) en dessus (en dessous) ? エスク　ヴザヴェ　ラ　タイユ　ラ　ポワンチュール　アン　ドゥシュ　アン　ドゥス	もう一つ上（下）のサイズがありますか

Conversation 3 🌐28

買い物をする

A : Je peux vous aider ?

B : Oui, est-ce que vous avez cette robe en une autre couleur ?

A : Oui, nous l'avons aussi en rouge et en vert.

B : Dans ce cas, j'aimerais l'essayer en vert.

A : Est-ce que ça va ?

B : Oui, elle est très bien, je la prends.

A : Merci beaucoup.

B : Il me faut aussi une cravate pour l'anniversaire de mon mari.

A : Quel genre de cravate cherchez-vous ?

B : Je veux une cravate simple et élégante.

A : Comment trouvez-vous ce modèle ?

B : Oui, ce n'est pas mal, mais je vais réfléchir.

Faire des courses

A : お役にたてますか.
B : ええ，この洋服の別の色がありますか.
A : はい，赤と緑がございます.
B : それでは緑を試着したいのですが…

A：いかがでしょうか．
B：とてもいいわ．これをいただきます．
A：ありがとうございます．
B：夫の誕生日にネクタイもほしいのですが…
A：どのようなのをお探しでしょうか．
B：シンプルでエレガントなものを．
A：このモデルはいかがでしょうか．
B：そうね．悪くはないわね．でも考えてみます．

Expressions

en une autre couleur	別の色の
en vert (rouge / bleu / jaune / marron / noir / blanc / violet / rose)	緑（赤，ブルー，黄色，栗色，黒，白，紫，バラ色）の
Quel genre de... cherchez-vous ?	どのような〜をお探しですか
Je cherche...	私は 〜を探しています
Comment trouvez-vous...	〜をどのようにお考えになりますか

Conversation 1 🌐29

> **A : Bonjour, j'aimerais prendre rendez-vous.**
> ボンジュール ジュムレ プランドル ランデヴ
>
> **B : Oui, pour quel jour ?**
> ウィ プール ケル ジュール
>
> **A : Est-ce que c'est possible mardi matin ?**
> エスク セ ポッシーブル マルディ マタン
>
> **B : Oui, pas de problème. A quelle heure ?**
> ウィ パ ドゥ プロブレーム ア ケルール
>
> **A : Vers 10 heures.**
> ヴェール ディズール
>
> **B : Oui, à 10 heures.**
> ウィ ア ディズール

A：こんにちは．予約をお願いしたいのですが…
B：何日でしょうか．
A：火曜日の朝は大丈夫でしょうか．
B：はい問題ありません．何時でしょうか．
A：10時頃にお願いします．
B：それでは10時に．

Expressions

J'aimerais... ジュムレ	〜したいのですが…（丁寧に）
J'aimerais prendre rendez-vous. ジュムレ プランドル ランデヴ	予約をお願いしたいのですが…
C'est possible. セ ポッシーブル	可能ですよ
A quelle heure ? ア ケルール	何時でしょうか
A (Vers) 10 heures (précises). ア ヴェール ディズール プレシーズ	10時に（頃，ジャスト）に

Conversation 2 🌐30

A : Bonjour, j'aimerais prendre rendez-vous.

B : Oui, pour quel jour ?

A : Mercredi matin est-ce que c'est possible ?

B : Je suis désolé. Le mercredi matin, c'est impossible. Et l'après-midi ?

A : Non... l'après-midi je suis prise. Et le jeudi matin ?

B : Si c'est jeudi matin, il n'y a pas de problème.

A : Très bien. Alors disons jeudi matin.

B : A quelle heure ?

A : Vers 10 heures, c'est possible ?

B : Oui, pas de problème. Vous êtes Madame...

A : Je m'appelle Leroi, L. E. R. O. I.

B : Vous êtes déja venue ?

A : Non, c'est la première fois.

B : Très bien Madame Leroi. A jeudi, 10 heures.

A : C'est entendu. A jeudi, merci beaucoup.
セタンタンデュ　ア　ジュディ　メルシ　ボークー

A：こんにちは．予約をお願いしたいのですが…
B：はい．何曜日のでしょうか．
A：水曜日の朝は大丈夫でしょうか．
B：残念ですが，水曜日の朝はだめです．午後ではいかがでしょうか．
A：だめです．午後は予定があります．それでは木曜日の朝では．
B：ええ木曜の朝でしたら問題ありません．
A：結構です．それでは木曜日の朝に．
B：何時でしょうか．
A：10時頃でいいでしょうか．
B：ええ，大丈夫です．お名前は？
A：ルロワと申します．L. E. R. O. I. です．
B：今までにいらしたことがございますか．
A：いいえ．始めてです．
B：結構です．それでは木曜日10時に．
A：わかりました．それでは木曜日に．ありがとうございました．

Expressions

Pour quel jour ?　何曜日に ブール　ケル　ジュール	
A quelle heure ?　何時に ア　ケルール	
Non, je suis pris(e). ノン　ジュスイ　プリ　ズ	いいえ，予定があります
Non, je suis occupé(e). ノン　ジュ　スイゾキュペ	いいえ，先約があります
Très bien. トレ　ビヤン	結構です
C'est entendu. セ　タンタンデュ	了解です．
A jeudi.　では木曜日に ア　ジュデイ	A demain.　では明日 ア　ドゥマン
A bientôt. ア　ビヤント	では近いうちに
A la semaine prochaine. ア　ラ　スメーヌ　プロシェーヌ	では来週

Conversation 1 🎧31

A : Excusez-moi, je voudrais deux timbres à 80 yens, s'il vous plaît.
エクスキュゼモワ　ジュヴドレ　ドゥ　タンブル　ア　カットルヴァン　エン　シルヴプレ

B : Oui, voila Monsieur. Ça fait 160 yens.
ウイ　ヴォワラ　ムシュー　サ　フェ　サンソワサント　エン

A : Excusez-moi, je voudrais envoyer cette lettre.
エクスキュゼモワ　ジュ　ヴドレ　アンヴォワイエ　セット　レットル

B : En normal ou en recommandé ?
アン　ノルマル　ウ　アン　ルコマンデ

A : En normal, s'il vous plait.
アン　ノルマル　シルヴプレ

A : Excusez-moi, je voudrais envoyer ce paquet. C'est très urgent.
エクスキュゼモワ　ジュ　ヴドレ　アンヴォワイエ　ス　パケ　セ　トゥレジュルジャン

B : C'est pour la France ?
セ　プール　ラ　フランス

A : Oui, c'est un paquet pour Paris.
ウイ　セ　タン　パケ　プール　パリ

A : すみません．80円の切手を2枚ください．
B : はい．160円です．

A : すみません．この手紙を送りたいのです．
B : 普通ですか，書き留めですか．
A : 普通でお願いします．

A : すみません．この小包を送りたいのですが．至急です．

B：フランスでしょうか．
A：はい．パリまでです．

Expressions

Excusez-moi, je voudrais... エクスキュゼモワ　ジュヴドレ	すみません．～お願いしたいのですが…
un paquet アン　パケ	小包
une lettre ユンヌ　レットル	手紙
un timbre アン　タンブル	切手
en normal (en recommandé / en urgent) アン　ノルマル　アン　ルコマンデ　アンニュルジャン	普通便（書留，至急）で
par avion (par bateau) パラヴィヨン　パル　バト	航空便（船便）

Conversation 2

A : Bonjour, je voudrais envoyer ce paquet en France, s'il vous plaît.

B : Oui Monsieur. Vous désirez l'envoyer par avion ou par bateau ?

A : Combien de temps est-ce que ça va prendre ?

B : Par avion, il faut en général une semaine, mais par bateau, ça peut prendre plusieurs mois.

A : Plusieurs mois ? Oh non, c'est beaucoup trop long. Je vais l'envoyer par avion.

B : En normal ou en urgent ?

A : En urgent, combien de temps est-ce que ça va prendre ?

B : Si vous l'envoyez en urgent, ça va prendre un peu moins d'une semaine.

A : Très bien.

B : Pouvez-vous remplir ce formulaire ? C'est pour la douane. Vous précisez le contenu et la valeur.

A : Je signe ici ?

B : Oui.

A : Je voudrais aussi un carnet de timbres, s'il vous plaît.

B : Voilà Monsieur. Ça fait 800 yens, s'il vous plaît.

A : Je peux payer par chèque ?

B : Non, nous n'acceptons pas les cheques. N'avez-vous pas d'argent liquide ?

A : Attendez. Voilà 800 yens.

A：すみません．この小包をフランスに送りたいのですが…
B：はい．航空便で送りますか．それとも船便でしょうか．
A：どの位の日数がかかりますか．
B：航空便でたいていは一週間，船便ですと数カ月です．
A：数カ月．それは遅すぎます．航空便にします．
B：普通便でしょうか．それとも至急便でしょうか．
A：至急で．どの位かかりますか．
B：至急ですと一週間弱です．
A：結構です．

B：この用紙に記入していただけますか．税関用です．中身と価格を正確に記入してください．

A：ここにサインするのですか．

B：はいそうです．

A：切手シートも1シートいただきたいのです．

B：さあどうぞ．800円です．

A：小切手でお支払いできますか．

B：小切手はお受けできません．現金をお持ちではありませんか．

A：待ってください．800円あります．

Expressions

Combien de temps... コンビヤン ドゥ タン	どの位の時間がかかりますか
Si vous envoyez ... シ ヴ ザンヴォワイエ	もしあなたが，〜送るのでしたら，
Pouvez-vous... プヴェヴ	〜していただけますか
Est-ce que je peux... エスク ジュ プ	私が〜できますか
par chèque (en liquide / par carte bancaire) パル シェック アン リキッド パル カルト バンケール	
	小切手（現金，クレジットカード）で

Deuxième partie

インフォメーションの窓口には様々な情報や相談が持ち込まれます．交通機関の情報，宿泊施設，買い物，催し物等臨機応変に対処しなければなりません．ここでは交通情報，催し案内に必要な表現と語彙をあげておきます．第一部の復習になります．

Conversation 1

A : Excusez-moi.

B : Oui, que puis-je faire pour vous ?

A : Où puis-je réserver des billets pour le shinkansen ?

B : Attendez. Il y a un guichet de réservation à la gare ou vous pouvez réserver à l'agence de voyage.

A : Très bien. Est-ce qu'ils parlent anglais ?

B : A l'agence de voyage, oui. Mais au guichet à la gare, je ne pense pas. Attendez. Je viens avec vous.

A : C'est très gentil mais je ne veux pas vous déranger.

B : Ne vous inquiétez pas. Nous sommes ici pour ça. Très bien. Allons-y. Par ici, s'il vous plaît.

A : Merci beaucoup.

B : Je vous en prie.

A：すみません．
B：はい，何かお役にたてますか．

A : 新幹線のチケットはどこで予約できますか．
B : お待ち下さい．駅の予約窓口でも予約できますし，旅行社でも予約できますよ．
A : そうですか．そこでは英語を話しますか．
B : 旅行社では話します．が駅では話さないと思いますよ．お待ち下さい．私がご一緒しましょう．
A : それはご親切に．でもご迷惑をかけたくはありません．
B : ご心配なく．我々はそのためにここにいるのですから．さて．まいりましょう．こちらからどうぞ．
A : ありがとうございます．
B : どういたしまして．

Expressions

Puis-je vous aider ?	お手伝いしましょうか
Qu'est-ce que je peux faire pour vous ?	何かお役にたてますか
Pouvez-vous m'aider ?	助けていただけますか
C'est possible de...	〜することは可能でしょうか
le guichet	窓口
le billet 切符 （列車，劇場等）	le billet d'aller-retour 往復切符
ticket チケット（バス，地下鉄等）	un carnet 回数券
la réservation 予約	réserver 予約する
Vous êtes gentil(le). ご親切に（助かります）	

Conversation 2

A : Bonjour, pouvez-vous m'aider ?

B : Bien sûr, que puis-je faire pour vous ?

A : Je m'intéresse à la culture japonaise et je me demandais s'il n'était pas possible d'assister à une cérémonie du thé.

B : Aujourd'hui ?

A : En fait, je reste à Beppu jusqu'à demain soir mais je pense aller au Mont Aso demain.

B : Mmmm, il y a plusieurs cours de cérémonie du thé. Très bien. Laissez-moi vérifier. Je vais voir s'il y a des cours aujourd'hui.

A : D'accord. Merci beaucoup.

B : J'ai appellé la section des relations internationales de la mairie de Beppu. Ils vont vérifier et ils nous rappelleront. Pouvez-vous repasser un peu plus tard ?

A : D'accord. Merci beaucoup.

C : Excusez-moi mais j'ai un problème.

A : Qu'est-ce qui se passe ?

C : Il me semble que j'ai perdu mon passeport.

A：こんにちは．お願いできますか．

B：もちろんです．何をいたしましょうか．

A：私は日本文化に興味を持っています．お茶会に参加することは可能でしょうか．

B：今日でしょうか．

A：ええ．明日の夜まで別府に滞在するのですが明日は阿蘇山に行きたいのです．

B：ええっと．お茶の稽古はたくさん行われているのですが．いいです．確かめてみましょう．今日お稽古があるかどうか見てみましょう．

A：お願いします．ありがとうございます．

B：別府市役所の国際交流課に電話してみました．確認して電話してくれるそうです．もう少し後でお立ち寄り下さいますか．

A：わかりました．ありがとうございました．

C：すみません．ちょっと困ったことになりました．

A：何がありましたか．

C：私パスポートをなくしてしまったようなのです．

Expressions

rester	滞在する
passer　立ち寄る	repasser　もう一度立ち寄る
plus tard	後で
la cérémonie du thé	お茶会
le théâtre nô	能
le kabuki	歌舞伎
le kagura	神楽
l'arrangement des fleurs (l'art floral)	生け花
le kendô	剣道
le jûdô	柔道
la section des relations internationales	国際交流課
la mairie	市役所
la préfecture	県庁

Conversation 1

A : Puis-je vous aider ?

B : Je cherche un guichet automatique pour retirer de l'argent avec une carte de crédit Visa.

A : Je suis desolé(e) mais il n'y en a pas ici, si vous allez à la banque d'Oita, vous pouvez retirer de l'argent avec votre carte au guichet.

B : Ah, bon. Jusqu'à quelle heure la banque est-elle ouverte ?

A : Jusqu'à 15 heures. N'oubliez pas de prendre votre passeport avec vous.

B : Merci. Au revoir.

A：お手伝いしましょうか．
B：ヴィザカードで現金を引き出すコーナーを探しています．
A：すみませんが，ここにはございません．大分銀行にいらっしゃれば，窓口で現金をカードで引き出すことができます．
B：ああそうですか．何時まで銀行は開いていますか．
A：15時までです．パスポートをお持ちになるのを忘れないで下さいね．
B：ありがとう．さようなら．

Expressions

Je cherche...	～を探しています
le guichet automatique	自動コーナー
retirer de l'argent	お金を引き出す
la carte de crédit	クレジットカード
Jusqu'à quelle heure... est ouvert(e)?	何時まで～は開いてますか
aller à la banque (à la poste)	銀行（郵便局）に行く
la carte d'identité	身分証明書
le passeport	パスポート

Conversation 2 🌐36

A : Je voudrais acheter un appareil photo.

B : Je vous conseille d'aller l'acheter dans le grand magasin d'électroménager ✱✱✱. Dans la banlieue aussi, il y a d'autres grands magasins d'électroménager.

A : Le grand magasin d'électroménager ✱✱✱ se trouve dans le centre ville ?

B : Oui, c'est à 3 minutes à pied depuis le grand magasin ✱✱✱.
Allons-y ensemble.

A : Merci. Vous êtes gentil.

A : カメラを買いたいのですが…
B : それなら＊＊＊大型電器店がいいと思います．郊外にも大型電器店がたくさんありますよ．
A : ＊＊＊大型電器店は中心部にあるのですか？
B : そうです．＊＊＊デパートから徒歩3分のところにあります．一緒に行きましょう．
A : ありがとう．助かります．

Expressions

Je voudrais acheter...	〜を買いたいのですが
un appareil photo	カメラ
un portable	携帯電話
une vidéo	ビデオ
une télévision	テレビ
un grand magasin	デパート
un grand magasin d'électroménager	大型電器店
dans la banlieue	郊外
dans le centre ville	中心部
... minutes (heures, jours, mois, ans)	〜分（時間, 日, 月, 年）
à pied (en vélo, en voiture, en train, en bateau, en avion)	徒歩（自転車, 車, 列車, 船, 飛行機）で
se trouver, être situé(e)	〜は〜にあります
le rayon sport	スポーツ用品売場
le rayon alimentation	食品売場
le rayon vêtements	衣料品売場
le rayon lingerie	下着売場
le rayon boucherie	食肉売場
le rayon poissonnerie	鮮魚売場
le rayon bricolage	日曜大工売場
le rayon électro ménager	家電売場
le rayon informatique	コンピュータ売場
le rayon librairie	書籍売場
le rayon musique	音楽売場
le rayon fruits et légumes	生鮮品売場

Conversation 1 🌐37

Au magasin de disques

A : Quels sont les chanteurs populaires au Japon actuellement ?

B : En général, ce sont Hikaru UTADA, Ayumi HAMASAKI, GLAY, etc.

A : Et tout récemment ?

B : Tout récemment, c'est ∗∗∗.

A : Bien. Je vais acheter son CD.

(CDショップにて)

A：今日本で流行っている歌手は誰ですか？
B：一般的に人気がある歌手は宇多田ヒカルや浜崎あゆみやGLAY∗∗∗等です．
A：最近はどうですか？
B：最近は∗∗∗です．
A：わかりました．その人のCDを買ってみます．

La mode actuelle des jeunes (最近の若者の流行)

```
Communications    通信方法
   E-mail      Eメール         cyber-cafés    インターネットカフェ
   internet    インターネット
   téléphones portables avec appareil photo numérique intégré
                                写メール携帯電話

Vêtements    服装
   pantalons taille-basse           ローライズパンツ
   pantalons corsaires, bermudas    （7分丈，8分丈パンツ）パンツ
   débardeurs                       キャミソール
```

bustiers	ストラップなしのロングブラジャー，ベア トップ
ceintures	ベルト
à pois (à rayures)	水玉模様（ストライプ模様）
collants et bas résille	網タイツ
dorés	ゴールド（boutons dorés 金ボタン）
lamés	ラメ（robe de lamé ラメのドレス）

Autres その他
lunettes (de soleil)	眼鏡（サングラス）
piercing	ピアスをする
chaines	チェーン

Conversation 2 Internet 💿38

A : Je voudrais envoyer des e-mails à mes amis (mon ami(e)).
Est-ce qu'il y a un endroit où on peut utiliser internet ?

B : Oui, dans le centre-ville, vous pouvez l'utiliser dans ce bâtiment, au premier étage du sous-sol, au premier étage et au 3ème étage.

A : Ah, dans ce grand bâtiment ? Ça coûte combien ?

B : Ça dépend de l'endroit. Au premier étage, c'est gratuit pendant 60 minutes et au 3ème c'est gratuit pendant 30 minutes.

A : C'est très bien. Merci.

（インターネット）

A：友人にインターネットでメールを送りたいのですが…
　インターネットができるところがありますか．

B：はい町の中心部ではあの建物の地下一階，2階，4階で使えますよ．

A：ああ，あの大きな建物ですか．お幾らでしょうか．

B：場所によりますが… 2階は60分間，4階は30分間無料です．

A：それはいい．ありがとう．

Expressions

envoyer un e-mail	メールを送る
il y a un endroit	場所がある
le bâtiment (ce bâtiment)	(あの, その) 建物
utiliser internet	インターネットを利用する
au premier étage du sous-sol	地下1階に
Ça dépend de...	〜による
gratuit	無料
pendant	〜の間

Conversation 1 🌐39

A : Je voudrais aller à ...

B : Prenez le bus ... à destination de ... devant la gare de .... Il faut environ 20 minutes pour y aller. (Vous y serez en 20 minutes environ.)

A : Comment fait-on pour prendre le bus ?

B : Vous montez par la porte arrière en prenant un ticket numéroté. Après l'annonce du nom de votre destination (le prochain arrêt est...), vous appuyez sur le bouton de la sonnerie.

Quand vous descendez, vous mettez l'argent avec ce ticket dans la boîte à côté du chauffeur. Vous pouvez savoir le prix en regardant le numéro de votre ticket.

A : Entendu. Merci.

A：～に行きたいのですが…

B：それなら～駅から～行きの～バスに乗って下さい．20分程で着くでしょう．

A：バスの乗り方を教えて下さい．

B：後ろの扉から整理券を取って乗り，行きたい場所のアナウンス（次ぎは～です）が流れたらブザーを押します．降りる時は運転手の隣にある箱に整理券と料金を入れます．料金は前の画面に整理券の番号ごとに表示されていますよ．

A：分かりました．どうもありがとう．

Expressions

le bus en direction ...	～行きのバス
il faut environ ... minutes	およそ～分かかる
Comment fait-on pour prendre le bus ?	バスに乗るにはどのようにすればいいのでしょうか
monter par la porte arrière	後ろの扉から乗る
ticket numéroté	整理券
après l'annonce du nom de votre destination	行き先のアナウンスの後で
appuyer sur le bouton de la sonnerie	ブザーを押す
quand vous descendez	降りる時に
mettre l'argent dans la boîte à côte du chauffeur	お金を運転手横のボックスに入れる

Conversation 1 🌐40

A : ABC Taxi, bonjour.
B : Bonjour, je voudrais un taxi s'il vous plaît.
A : Oui, Monsieur. A quel nom, s'il vous plaît ?
B : Je m'appelle Martin.
A : Monsieur Martin. A quelle adresse ?
B : Je suis devant la gare.
A : Devant la gare ? Très bien. Votre taxi sera là dans 5 minutes.
B : Merci beaucoup.
A : Merci, au revoir.

A : ABC タクシーです．今日は．
B : 今日は．タクシー一台お願いします．
A : ありがとうございます．お名前は何とおっしゃいますか？
B : マルタンと申します．
A : マルタン様ですね．ご住所はどちらですか？
B : 駅前にいますが．
A : 駅前ですね．かしこまりました．タクシーは5分後に到着致します．
B : どうも．
A : ありがとうございました．失礼します．

Expressions

Je voudrais un taxi.	タクシーを一台お願いしたいのですが…
A quel nom, s'il vous plaît ?	お名前は何とおっしゃいますか
A quelle adresse ?	アドレスはどちらでしょうか
Votre taxi sera là dans... minutes.	タクシーは〜分で到着します

Conversation 2 🎧41

タクシーを呼ぶ

A : Allô, ici Monsieur Martin. Je voudrais réserver un taxi, s'il vous plaît.
B : Oui, Monsieur Martin. Où désirez-vous aller?
A : Je voudrais aller à l'aéroport international.
B : Très bien Monsieur. A quelle heure devez-vous prendre votre avion ?
A : Je dois prendre l'avion à neuf heures demain matin.
B : Si vous prenez votre avion à neuf heures, il vaudrait mieux partir d'ici à sept heures. Votre taxi arrivera à sept heures moins cinq devant l'hôtel. Un employé viendra chercher votre valise dans votre chambre.
A : Merci, c'est parfait.

Appeler un taxi

A：もしもし．こちらマルタンですが… タクシーを一台お願いしたいのですが…
B：かしこまりました．どちらにいらっしゃいますか．
A：国際空港に行きたいのです．
B：承知いたしました．何時の飛行機にお乗りでしょうか．
A：明日の朝9時の飛行機に乗りたいのです．
B：もし朝9時の飛行機に乗るのでしたら，ここを7時に出られた方がいいでしょう．タクシーは7時5分前に玄関に来ます．ポーターがお部屋までお荷物をとりに伺います．

A：結構です．完璧です．

Expressions

l'aéroport international	（国際）空港
prendre l'avion (le train, le bus, le bateau, la navette)	
	飛行機（列車，バス，船，連絡バス）に乗る
un employé	従業員

Conversation 1 Malade 🌐42

A : Mon ami(e) a mal au ventre (ou à l'estomac). Y a-t-il un hôpital où on peut consulter un médecin même dans la nuit ?

B : En cas d'urgence, vous pouvez trouver un médecin de garde (ou des urgences) en appelant la caserne principale de ∗∗∗ des sapeurs-pompiers. Le numéro de téléphone est le ∗∗∗ Vous pouvez aussi consulter le journal ∗∗∗. Je vais le consulter.

A : Merci beaucoup.

C : Moi, je voudrais acheter du liquide pour nettoyer des lentilles de contact. Jusqu'à quelle heure la pharmacie est-elle ouverte ?

B : En général, jusqu'à 19 ou 20 heures, mais vous pouvez en acheter au supermarché aussi.

C : Entendu. Merci.

（病気）

A：友人がお腹が痛いと言っています．夜間開いている病院はありますか？

B：急病なら＊＊＊消防本部に電話すると本日の当番医が分かります．電話番号は＊＊＊です．＊＊＊新聞でも調べることができます．私がみてみましょう．

A : ありがとうございます．
C : 私はコンタクトの洗浄液が買いたいのですが，薬局は何時まで開いていますか？
B : 普通19時か20時までです．しかし洗浄液ならコンビニでも買えますよ．
C : 分かりました．どうもありがとう．

Expressions

service des urgences par téléphone (pour des informations sur les médecins de garde la nuit, etc.)	救急電話サーヴィス（夜間当番医等の情報）
jours de la semaine	週日
dimanche et jours fériés	日曜，祭日
la caserne des sapeurs-pompiers	消防署
consulter	調べる
du liquide pour nettoyer des lentilles de contact	コンタクト洗浄液
Entendu.	わかりました

Conversation 2 Malade (suite) 🎧43

A : Je ne me sens pas très bien. Avez-vous un médicament ?
B : Oui, mais quels sont vos symptômes ?
A : J'ai de la fièvre et je me sens fatigué(e).
B : Voulez-vous que j'appelle un docteur ?
A : Oui, s'il vous plaît.

（病気　続き）
A：気分が悪いのですが…　薬をお持ちでしょうか．
B：ええ，でもどんな症状なのですか．
A：熱があって，だるいのです．
B：お医者さまをお呼びしましょうか．
A：はい，お願いします．

Expressions

Je me sens faible.	衰弱している
Je tremble.	震えがくる
J'ai mal à la tête (à la gorge, à l'estomac, au dos, au ventre, aux reins, à la jambe (aux jambes), au pied (aux pieds)).	
	頭（喉，胃，背中，お腹，腰，脚，足）が痛い
J'ai froid.	寒気がする
Je saigne du nez. J'ai la diarrhée.	鼻血がでる．下痢をする．
Je me sens mal.	気分が悪い
J'ai la nausée.	吐き気がする
Je vais appeler une ambulance.	救急車を呼びましょう
Je vais vous emmener aux urgences à l'hôpital.	
	救急病院に連れて行きましょう
Vous devriez vous reposer ici.	ここで休んでいなければなりませんよ

Conversation 3 **Malade (suite)**

A : Vous avez l'air malade. Comment vous sentez-vous ?
B : J'ai vraiment très mal à l'estomac.
A : Voulez-vous que j'appelle une ambulance ?
B : Non, je peux aller à l'hôpital moi-même.
A : Très bien. Laissez-moi vous appeler un taxi alors.
B : Merci.

（病気　続き）

A：ご病気のようですね．ご気分はどうですか．
B：胃がひどく痛いのです．
A：救急車をお呼びしましょうか．
B：いいえ，結構です．自分で病院に行けます．
A：そうですか．それではせめてタクシーを呼ばせて下さい．
B：ありがとう．

Expressions

avoir l'air malade	病気の様子である
Comment vous sentez-vous ?	ご気分はどうでしょうか
Voulez-vous que j'appelle une ambulance ?	救急車をお呼びしましょうか
aller à l'hôpital moi-même	病院へ自分で行く
Laissez-moi appeler un taxi.	タクシーを呼ばせて下さい

Conversation 4 **Objets-trouvés** 🔘45

A : Excusez-moi. J'ai perdu ma mallette.
B : Où l'avez-vous perdue ?
A : Probablement dans le train que j'ai pris depuis A.
B : Pouvez-vous la décrire ? Sa forme et sa couleur.
A : Elle est noire et à peu près de cette taille.
B : Attendez. Je vais appeler le bureau des objets-trouvés à la gare de B.
 (à la gare de B)
C : Est-ce que vous avez une pièce d'identité ?
A : Oui, voilà mon passeport.
C : Signez ce reçu s'il vous plaît.

（忘れ物）
A：すみません．アタッシュケースをなくしました．
B：どこで失われたのでしょうか．
A：多分Aからの列車の中だと思います．
B：どんなものか言えますか．形とか色とか．
A：黒でおよそこの位の大きさです．
B：お待ち下さい．B駅の遺失物の係りに電話しますので…
　（B駅で）
C：身分証明書のようなものをお持ちでしょうか．
A：はい，これが私のパスポートです．
C：この受領書にサインしてください．

Expressions

j'ai perdu...	～を失った
dans le train (dans le bus, dans le bateau, dans l'avion, à l'hôtel, au bureau)	列車の中（バスの中，船の中，飛行機の中，ホテルで，事務所で）
Pouvez-vous (le, la, les) décrire ?	どんなものか描写することができますか
le bureau des objets-trouvés	紛失物係
Est-ce que vous avez une pièce d'identité ?	身分を証明できるものがありますか
signer le reçu	受け取りにサインする

Conversation 5 🎧46

A : Excusez-moi mais j'ai un problème ...
B : Qu'est-ce qui vous arrive ?
A : On m'a volé mon passeport. Que dois-je faire ?
B : Il faut aller à la police pour faire une déclaration de vol. Je peux vous conduire au poste de police si vous voulez.
A : Oui, je vous remercie.
B : Il faut ensuite téléphoner et aller à l'Ambassade de France la plus proche ou au Consulat général à Osaka.
A : Est-ce que vous connaissez l'adresse ?
B : Non, mais je vais la vérifier le plus rapidement possible. Ils pourront peut-être nous renseigner au poste de police. Allons-y tout de suite.
A : Je vous suis. Merci de votre aide. Je ne sais pas ce que je ferais sans vous.
B : Je vous en prie. C'est bien naturel.

A：すみません．大変なのです．
B：どうなさいましたか．
A：パスポートを盗まれてしまいました．どうしたらいいでしょうか．

B : 盗難届を出しに，警察に行かなければなりません．よろしければ，警察署までお連れしましょう．

A : ありがとうございます．

B : それから，最寄りの大使館か大阪の領事館に電話して，行かなければなりません．

A : 住所を御存知でしょうか．

B : できるだけ早く確かめましょう．警察署で多分分かると思いますよ．すぐに参りましょう．

A : つれていってください．助けて下さってありがとうございます．あなたがいらっしゃらなければ，どうしていいかわかりませんでした．

B : どういたしまして．当然のことをしたまでです．

Expressions

On m'a volé...	〜が盗まれました
Qu'est-ce qui vous arrive ?	何があったのですか
qu'est-ce qui	何が
arriver	起こる（事故，事件が）
Il faut＋動詞の原形	しなければなりません
Est-ce que vous connaissez l'adresse de... ?	〜の住所を御存じですか
Est-ce que vous connaissez le numéro de téléphone de... ?	〜の電話番号を御存じですか
Est-ce que vous connaissez...	〜を御存じですか
Je vais vérifier...	確認します
le plus rapidement possible	できる限り早く

Les expressions utiles その他予想される緊急時の表現

C'est une urgence.	急ぐのです
Nous devons courir jusqu'à un abri immédiatement.	すぐに避難所に駆けこまなければなりません

Tout le monde doit être évacué.　　全員避難しなければなりません

La police est le 110. Dites «Au secours» et donnez votre adresse.

　警察は110番です.「助けて」と叫んであなたの住所を言って下さい

Pour les pompiers (ambulances) c'est le 119. Dites «Au feu» ou «Une ambulance» et donnez votre adresse.

　消防署（救急）は119番です.「火事です」（または「救急車を」）と言ってあなたの住所を言って下さい

Décrivez l'endroit où vous vous trouvez en disant par exemple : « il y a un magasin de l'autre côté de la rue » ou « J'appelle depuis la gare d'＊＊＊. »

　例えば次のようにあなたがいる場所を描写してください「道の向こう側に店があります」とか「＊＊＊駅から電話してます」とか…

allergie	アレルギー
blessure	傷
indigestion	消化不良
piqûre	注射
douleur	痛み
inflammation　炎症	～des reins (néphrite)　腎炎
chirurgien	外科医
rayons-X	エックス線
accident	事故
assurance	保険
tremblement de terre	地震
catastrophe secondaire	二次災害
secousses secondaires	余震
sur l'echelle de Richter	マグニチュード～の規模で
sortie	出口
violente pluie	豪雨
avertissement	警告，注意報

Conversation 1 🌐47

A : Je suis arrivé(e) depuis seulement deux jours au Japon. Pourriez-vous me parler un peu des aliments japonais ?

B : Vous voulez que je vous parle du poisson, de la viande ou simplement des légumes ? Nous avons aussi des nouilles... Quels plats voulez-vous déguster ?

A : Je voudrais déguster des spécialités régionales.

B : Alors, il y en de toutes sortes. Dans la région d'Hokkaido, il y a beaucoup de variétés de crabes, en particulier les Kegani. A Tokyo, vous pouvez déguster des poissons particulièrement bons dans cette région, du Toro (préparé à partir de thon) et des anguilles. A Shimonoséki, Fukuoka, et à Oita, il y a des Fugus. Vous pouvez ainsi gouter au fameux poisson empoisonné. A Hiji (à Oita) la limande appelée « Shiroshita-Karei » qui vit dans des poches d'eau douce de la Mer Intérieure, est succulente. A Kyoto vous pouvez déguster un poisson délicieux appelé «Hamo», une variété de congre ou d'anguille de mer.

Bref, dans tout le Japon, vous trouvez des produits frais, des produits de la montagne et de la mer. C'est un grand plaisir de faire une promenade de gourmet.

A : C'est très intéressant. Mais ce Fugu ? C'est un poisson vraiment empoisonné ?

B : Oui, c'est effectivement un poisson empoisonné mais si c'est un cuisinier diplômé qui fait la cuisine, on peut en manger et c'est très très bon.

A：日本に来てまだ２日なのですが，日本的な食べ物について教えていただけますか？

B：お魚，お肉，それとも野菜だけでしょうか？ 麺類もありますが…どんなものが食べたいですか？

A：そうですね．地方独特のものが食べたいのです．

B：それでしたら，たくさんありますよ．まず北海道ではいろんな種類のカニ，特に毛ガニがいいですし．東京で特にお勧めはトロ，ウナギ．下関や福岡，大分では河豚．有名な毒のある魚を食べられますよ．日出（大分）では瀬戸内海の清水に棲息する城下カレイと呼ばれるカレイが美味です．京都ではハモ，ウナギやアナゴの仲間，というおいしい魚が食べられます．

日本中海や山の新鮮なものを食べることができます．食べ歩きをするとおもしろいですよ．

A：楽しみですね．でもそのふぐとやらはどんなものですか？ 本当に有毒の魚ですか？

B : はい，それは毒を持つ魚なのです．でもきちんとした資格を持った人が調理したのは食べられるのです．本当においしいのです．

Expressions

Pourriez-vous parler de...	〜について話していただけますか（とても丁寧に）
aliments japonais	日本の食べ物
le poisson (la viande, les légumes, les nouilles)	魚（肉，野菜，麺）
Quels plats voulez-vous déguster ?	どんな料理が食べたいですか
spécialité(s) régionale(s)	地方の名物
le congre (l'anguille de mer, la limande, le crabe)	アナゴ（アナゴ（海のウナギと書くこともある），カレイ，カニ）
un poisson empoisonné	有毒の魚
fameux(euse)	有名な
succulent(e)	美味の，滋養のある
C'est un grand plaisir de faire une promenade de gourmet.	食べ歩きをするのはとても楽しいことです
des produits frais de la montagne et de la mer	山や海の新鮮な物
un cuisinier diplômé	資格を持った料理人

さあ皆さんで日本的な食べ物のリストを作ってみましょうか？

お刺身 (osashimi) poisson cru

お寿司 (osushi) riz bouilli légèrement assaisonné de vinaigre et enroulé par une tranche de poisson cru ou dans une feuille de nori (algue noire)

天麩羅 (tenpura) beignets de poisson, de fruits de mer ou de légumes. Juste avant de les consommer, on les trempe dans un mélange de sauce de soja, de saké doux et de bouillon, auquel on ajoute du navet japonais râpé avec un peu de piment râpé.

シャブシャブ (shabushabu) viande en lamelles (très minces) trempée dans un bouillon chaud.

水炊き (mizudaki) variété de pot-au-feu. On cuit de la viande, des légumes, des champignons, du tôfu (pâte de soja), des Konnyakus (pâte de racine de plantes) dans un bouillon chaud. On la mange avec de la sauce de soja, assaisonné avec du vinaigre et des citrons verts.

うどん (udon) nouilles japonaises à base de farine

蕎麦 (soba) nouilles japonaises à base de blé noir

会席料理 (kaisekiryouri) mets très variés servis à l'occasion de réceptions ou lors de la cérémonie de thé.

焼き鳥 (yakitori) brochettes de poulet

焼肉 (yakiniku) viande grillée. On la mange avec une sauce spéciale.

かまぼこ (kamaboko) pâte de poisson pilé et semi-étuvé, en forme de cylindre

竹輪 (chikuwa) sorte de quenelle de poisson au centre de laquelle il y a un trou.

ラーメン (râmen) nouilles chinoises adaptées à la mode japonaise.

カレー (karê) curry adapté à la mode japonaise.

タコ焼き (takoyaki) boulettes de farine sautées à la pieuvre.

お好み焼き (okonomiyaki) crêpe japonaise sur laquelle on met des légumes (choux, pousses de soja, ciboulette etc.), de la viande, des petites feuilles de poisson séchées et du gingembre trempé dans du vinaigre, etc.

山菜おこわ (sansaiokowa) riz glutineux (mochigome) cuit avec des légumes sauvages.

おこわ (okowa) riz glutineux (mochigome) cuit avec des haricots rouges qui lui donnent une teinte rose. On le sert en principe dans les grandes occasions.

お餅 (omochi) gâteaux en pâte de riz glutineux cuit à la vapeur et pilonné. On les utilise comme décoration pour le Nouvel An, placés dans le *tokonoma*. On les appelle alors *Kagamimochi*.

Conversation 1

A : Combien y a-t-il de villes accueillant les matchs au Japon ?

B : Il y a dix villes, incluant A. A est la seule ville accueillant les matchs de la coupe du monde à Kyushu.

A : Où auront lieu les matchs à A ?

B : Au stade surnommé « X ».

A : Où est-il situé ?

B : Il est situé à ∗∗∗ (Parc des Sports). Vous pouvez y aller par des bus navettes depuis A.

A : Quelle est la capacité de « X » ?

B : Il peut accueillir 43.000 personnes.

A : Oh, c'est très grand.

A：日本での試合の開催地はどこですか．

B：A市を含めて10都市あります．A市が九州での唯一の開催地です．

A：A市ではどこで開催されますか．

B："X" というところですよ．

A：どこにありますか．

B：＊＊＊（スポーツ公園）にあります．Aからはシャトルバスで行けます．

A："X" の収容人員はどの位ですか．

B：43,000人です．

A：それは大きいですね．

Expressions

la ville accueillant	開催地
incluant ...	〜を含めて
surnommé ...	〜の愛称で呼ばれている
être situé ...	〜に位置している
capacité	収容人員
accueillir	収容する

Conversation 2 🌐49

A : Quel est le résultat du match d'hier soir ?

B : L'équipe du Brésil a ouvert le score au cours de la première mi-temps et mené par 1 à 0 mais l'équipe d'Angleterre est revenue au score en marquant deux buts et a donc remporté le match sur un score de 2 à 1.

A : Quand sera le prochain match ?

B : Il sera à 6 heures et demie le 23.

A : Quelles équipes vont jouer ?

B : C'est la France contre l'Allemagne. La France a battu la Belgique sur un score de 2 à 0. Cette équipe se qualifiera sans doute pour les matchs de finales.

A : Vraiment ? Mais l'Allemagne a un buteur exceptionnel, ...et il a marqué le but décisif à la 38ème minute de la deuxième mi-temps du match de qualification. C'est grâce à cela que l'Allemagne a pu se qualifier pour la coupe du monde.

B : On dirait que ça va être un match très serré n'est-ce pas ?

A：昨日の試合結果はどうだった．
B：ブラジルチームが前半先制して1−0でリードしたよ．でもイギリスチームも2ゴールあげて反撃してね，結局2−1で勝ったよ．
A：次の試合はいつだい．
B：23日の6時半からだよ．
A：どのチームの試合だい．
B：フランスチーム対ドイツチームだよ．フランスチームは2−0でベルギーチームを破ったんだ．このチームはきっと決勝に勝ち残るよ．
A：そうですか．でもドイツチームにはすばらしいキッカーがいるでしょう．彼が予選後半38分で決定点を挙げたんですよね．そのお陰でドイツチームはワールドカップに出場できたんですから…
B：多分接戦になるでしょうね．

Expressions

le résultat （試合）結果	ouvrir le score 先制する
la première mi-temps 前半	mener リードする
revenir au score 反撃する	
battre A à B A対Bで〜を破る，〜に勝つ	
... a battu (a gagné) 打ち負かす，〜に勝つ	
s'est qualifié pour... 予選を通過する	
se qualifiera pour... 〜と予想されている	le buteur ストライカー
à la 38ème minute de la deuxième mi-temps 後半38分に	
gagner 手に入れる	On dirait que ... 〜のようだ，〜そうだ
A a battu B par 2 à 1 2対1でAチームがBチームを破る	
s'être qualifiés pour la coupe du monde ワールドカップに出場権を得る	
C'est grâce à cela que l'Allemagne a pu se qualifier pour la coupe du monde. だからドイツチームがワールドカップに出場権を得たんだ	
On dirait que ça va être un match très serré. 接戦になるだろうよ	
a battu... et s'est qualifié pour ... 〜を破って〜に出場権を得る	
C'est pourquoi... そういうわけで〜だ	
On dirait que... 〜といえるでしょう	

サッカー用語集

aller en finale	決勝に進出する	reach the final
anticiper une passe	パスを予測する	anticipate a pass
billet d'invitation	招待券	complimentary ticket
but d'égalisation	同点ゴール	equaliser(-izer)
but décisif	決勝点	winning goal
cérémonie d'ouverture	開会式	opening ceremony
commettre une faute	反則を侵す	commit a foul
compétition de football	競技サッカー	competition football
compétition	競技，大会	competition
concéder un but	失点する	concede a goal
conférence de presse	記者会見	press conference
contre	対	versus
couloir	通路	corridor
créer une chance de marquer	得点のチャンスを作る	create goal-scoring chances
défaite	敗北，敗戦	defeat
défendre	守る，守備する	defend
défense de zone	ゾーンディフェンス	zonal defense
demi-finale	準決勝	semi-final
déroulement du match	試合の流れ	flow of the match
des chaussures de foot	サッカーシューズ	boot
durée de la rencontre	ゲーム時間	duration of the game
échanger des attaques	攻撃をかわす	ward off an attack
égaliser	同点にする	equalise(-ize)
encourager	応援する	cheer(on)
entrée	入場	admission

équipe finaliste	決勝(大会)進出チーム	finalist
équipe jouant pour la troisième place	準優勝チーム	defeat finalist
équipe	チーム	team (squad, side)
être à la même date	日程が重なる	clash of dates
expulsion	退場	expulsion
faire un amorti de la poitrine	胸でボールを受ける	chest the ball
faire une tête	ヘディングをする	head the ball
fin de la rencontre	試合終了	full time
finale de la coupe	カップ決勝戦	cup-final
finales	決勝大会	final competition
franchir la ligne	ラインを割る	cross the line
gagner par abandon	不戦勝	win by default
gagner	相手を破る	beat
guichets	入場券売り場	ticket office
installations pour la presse	プレス用設備	press facilities
intercepter le ballon	ボールをカットする	cut the ball
joueur de football, footballer	サッカー選手	football player
jour avec deux matchs	2試合ある日	double match day
jour de match	試合日	match day
l'équipe vainqueur de la dernière coupe	前回優勝チーム	defending champion
la cérémonie de cloture	閉会式	closing ceremony
la foule	観衆	crowd
la pelouse	芝生	turf
la surface de réparation	ペナルティーエリア	box
la tribune de la presse	放送関係者エリア	broadcast zone

laisser échapper la victoire	勝ち逃す	give a game away
laisser marquer	得点を与える	give a goal
le but de la victoire	決勝点，決勝ゴール	decider
le meilleur buteur	得点王	best scorer
le nombre de spectateurs	観客数，入場者数	attendance
les arrêts de jeu	ロスタイム	time loss
ligue de football	サッカー協会	football association
manquer son tir	シュートをはずす	shoot-wide
marquer un pénalty	ペナルティーキックを決める	convert a penalty
match de compétition	競技試合	competition match
match nul	引き分け	draw
matchs de qualification	予選	qualifying competition / matchs
matchs préliminaires	予選	preliminary competition
meilleur buteur	得点王	top scorer
meneur de jeu	司令塔	playmaker
nombre des entrées	入場数	gate count
participant	参加者	contestant
participation	参加	contestant
perdre aux tirs aux buts	ＰＫ戦に負ける	lose on penalty kicks
perturber le jeu	プレーを妨害する	disturb the play
places debout	立ち見スタンド	terraces
plainte	抗議，苦情	complaint
podium	表彰台	victory stand
premier but marqué	先取点	opening goal
prendre le ballon	ボールを奪う	secure a ball
Président	会長	President
prolongations	延長戦	overtime (extratime)

quart de finale	準々決勝	quarter final
quitter le terrain	退場	dismissal (sending off)
recevoir des passes	ゴールを拾う，パスを集める	collect goal / passes
réclamer un pénalty	ペナルティーを主張する	claim a penalty
retard du début du match	試合開始時間の遅れ	delaying the game
retransmission télévisée	テレビ中継	TV coverage
s'affronter	対戦する	clash
salle des commentateurs en direct	実況中継ボックス	commentary box
se disputer le ballon	ボールを争う	fight for the ball / challenge for the ball
se plaindre d'une blessure	負傷を訴える	claim for damages
se qualifier	予選突破する	qualify
secrétaire général	事務局長	general secretary
secrétariat général	事務局	general secretariat
semaine avec deux matchs	2試合ある週	double fixture
sièges des commentateurs en direct	実況中継解説者席	commentator's area
spectateur	観客	spectator
stade couvert	屋根付きスタジアム	covered stadium
stade indoor	ドームスタジアム	indoor stadium
stade plein	満員のスタジアム	full house
suspension du match	出場停止	suspension
terrain de football	サッカーグラウンド	football ground
tir	シュート	shoot
un billet d'entrée	入場券	admission ticket

un bon tir	切れ味の良いシュート	crisp shot
un chronomètre	ストップウォッチ	chronometer
un match de championnat	優勝決定戦	championship match
une défense solide	堅固なディフェンス	concrete defense
une faute	反則	foul(offense)
vendeurs à la sauvette	ダフ屋	ticket tout
vent latéral	横風	cross-wind
victoire à l'arrachée	僅差で勝つ	win by a slim margin
victoire écrasante	大差	win by a handsome
ville organisatrice	会場，開催地，ベニュー	venue
zone défensive	守備範囲	defensive area

Troisième partie

Conversation 1   Prendre un bain au Japon

A : La façon de prendre un bain au Japon est identique à celle de la France ?

B : Non, elle est très différente de l'Europe. Au Japon, il y a trois sortes de bains : les bains pris à la maison appelés « Uchiyu », les bains publics et les bains dans les stations thermales.

A : Ah ? Les trois sont différents ?

B : Les bains « Uchiyu » ressemblent beaucoup à ceux d'Europe en l'apparence mais la façon dont on les prend est tout à fait différente. Les baignoires sont un peu plus profondes qu'en Europe. On ne change pas l'eau à chaque fois qu'on prend un bain. L'eau est utilisée par tous les membres de la famille.

A : Oh là là ! C'est très sale !

B : Mais non. Avant d'entrer dans la baignoire, on se lave à l'extérieur et l'eau du bain reste propre. Quand les maisons n'étaient pas équipées de salle de bain autrefois, on fréquentait souvent les bains publics pour

> prendre son bain. Aujourd'hui, vous pouvez en trouver dans les grandes villes. Tous prennent leur bain ensemble nus dans une grande baignoire. Autrefois, il y avait beaucoup de bains mixtes.
>
> A : J'aimerais bien prendre un bain japonais de cette époque.
>
> B : Mais même aujourd'hui, vous pouvez prendre un bain mixte dans beaucoup de stations thermales.

（日本でお風呂に入る）

A：日本ではお風呂はフランスと同じでしょうか．

B：いいえ，日本のお風呂は西洋のとは違っています．
まず日本では３種類のお風呂があります．各家についている内湯と呼ばれるものと銭湯それに温泉があります．

A：へえー，それは全部違うのですか．

B：内湯は西洋と同じですが，入り方は全く違いますよ．湯舟は西洋に比べて少し深いですし，一人ずつ入る度に湯を流して変えたりはしません．家族全員が同じお湯を使うのですよ．

A：へえー，それじゃ汚いですね．

B：いいえ．入る前にきちんと身体を洗いますので，清潔ですよ．銭湯は内湯がなかった頃には皆入りに行ったものです．今でも大きな町にはあります．大きな湯舟に皆一緒に裸で入るのです．昔は混浴のところも多かったのです．

A：へえー，その頃来たかったですね．

B：今でも温泉地では混浴のところもたくさんあります．

Expressions

les bains à la maison	内湯	la baignoire	湯舟
les stations thermales	温泉	le bain mixte	混浴
le bain de sable	砂湯	le bain de boue	泥湯
la cure thermale	温泉療養	prendre un bain	お風呂に入る

Conversation 2 Les stations thermales

A : On ne boit pas l'eau des sources thermales au Japon ?

B : Cela arrive dans certains cas mais en général on se plonge dans l'eau chaude du bain seulement pour se détendre et se réchauffer. Les Japonais adorent prendre des bains dans les sources thermales. Il y a beaucoup de stations thermales au Japon et il existe plusieurs sortes de bains : bains extérieurs, bains avec des jets en cascade pour masser le corps, saunas, bains de sable, bains de boue. Vous pouvez essayer de prendre toutes ces sortes de bains.

A : Est-ce que les effets en sont différents ?

B : Cela dépend de la composition de ces sources thermales mais se détendre avant tout, c'est déja très bon pour la santé. Les bains de sable et de boue ont des effets esthétiques et il y a beaucoup de gens qui viennent aussi soigner leurs maladies de peau ou leurs rhumatismes. C'est à dire qu'il viennent pour une cure thermale. On peut trouver ce type d'effets bénéfiques en France aussi. Depuis longtemps au Japon, on apprécie les bains et les conversations décontractées qu'ils permettent.

A : Est-ce que c'est toujours le cas aujourd'hui ?

B : Aujourd'hui, comme tout le monde est très occupé, on n'a plus autant de temps à consacrer aux cures thermales mais beaucoup de personnes âgées les apprécient toujours.

（温泉）

A：日本では，温泉は飲まないのですか．

B：温泉は飲む事もありますが，大抵はゆっくりくつろいで，暖まるものなのです．日本人はとても温泉が好きです．日本にはたくさんの温泉観光地がありますよ．露天風呂，打たせ湯，サウナ，砂湯，泥湯など，いろんな温泉が楽しめます．

A：それには違う効果があるのですか．

B：温泉の成分によっても違いますが，まずリラックスすることが健康にいいですよね．泥湯や砂湯は美容にもいいし，リューマチや皮膚病を直しに来る人も多いのです．温泉療養ですね．これはフランスにもいいのがありますね．

温泉に入って，裸の付き合いをするというのが，昔から湯治場での楽しみでした．

A：今でもですか．

B：今は皆忙しくなって，とても何日もゆっくり湯治場で過ごすことなどできなくなりましたが，お年寄りの中には今でもそういう人がいます．

Expressions

sources thermales	温泉	se détendre	リラックスする
se réchauffer	暖まる	une station thermale	温泉観光地
effets différents	違った効用	un bain de sable	砂湯
un bain de boue	泥湯	la cure thermale	温泉療養
personnes âgées	お年寄		

Conversation 1 🌐52

A : Quelle est la religion au Japon ? Est-ce que les Japonais sont chrétiens ?

B : Non. La plupart des Japonais sont shintoïstes ou bouddhistes.

A : N'est-il pas impossible de croire en deux religions à la fois ? Qu'est-ce que le shintoïsme ?

B : Croire en deux religions en même temps est possible au Japon. On peut être à la fois shintoïste et bouddhiste. Le shintoïsme est en fait un sorte d'animisme. Des kamis (dieux) existent partout dans la nature. C'est pourquoi les Japonais ont une dévotion particulière pour de grands arbres ou d'énormes rochers dans la nature où les kamis sont censés résider.

A : Le shintoïsme et le bouddhisme sont donc deux religions différentes ?

B : Oui, tout à fait. Le bouddhisme est une religion venue du continent asiatique. A partir de l'époque de Shôtoku-Taishi, beaucoup d'étudiants sont allés en Chine pour apprendre la culture bouddhiste et la transmettre à leur retour. Aux époques de Nara et de Heian, on a construit au Japon beaucoup de temples bouddhistes qui sont devenus des centres spirituels pour le peuple. A cette époque, un syncrétisme entre le bouddhisme et le shintoïsme s'est réalisé dans la région d'Usa (Oita).

A : Je comprends. C'est donc la raison pour laquelle les Japonais sont très tolérants en matière de religion ?

B : Oui. Il n'est pas contradictoire de se marier selon la tradition shinto et d'être enterré selon la tradition bouddhiste. Il n'y a pas eu de guerre de religion au Japon comme dans le cas des religions chrétienne, judaïque ou musulmane.

A : C'est étrange.

B : Non, pour nous ce n'est pas si étrange.

A：日本の宗教はどうなのでしょうか．やはりキリスト教でしょうか．

B：いいえ．日本では大部分の人は神道と仏教を信じています．

A：でもそんなことは不可能でしょう．二つの宗教を同時に信じるなんて… それにその神道というのは一体何なんですか．

B：日本ではそれが可能なのです．仏教徒でありながら，神道を信じることができるのです．すなわち神道というのは一種のアニミズムな

のです．自然の中の至る所に神がいるのです．日本人が自然界にある大きな木や石を特別に崇めるのはそのためなのです．

A : では神道は仏教と同一ではないのですか．

B : 違いますよ．仏教はアジア大陸からもたらされたもので，聖徳太子時代からたくさんの留学生が中国に渡り，彼らが仏教文化を伝えたのです．奈良時代，平安時代にたくさんの寺が日本全国に建てられ，それが人々の精神的拠り所になりました．その時に宇佐（大分）では神仏習合という独特の形式が生まれたのです．

A : なるほどね．それで日本は宗教に関してはとても寛容なのですね．

B : そうです．神前で結婚式をあげて，仏教式に埋葬されることは矛盾しているわけではありません．キリスト教やユダヤ教やイスラム教の場合のような宗教戦争は，日本ではありませんでした．

A : 不思議ですね．

B : 私たちには不思議でもなんでもないのですが．

Expressions

le shintoïsme	神道	shintoïste	神教徒
le bouddhisme	仏教	bouddhiste	仏教徒
le christianisme	キリスト教	chrétien(enne)	キリスト教徒
le judaîsme	ユダヤ教	l'islam	イスラム教
musulman(e)	イスラム教徒		

le synchrétisme entre le shintoisme et le bouddhisme　神仏習合
la guerre de religion　宗教戦争

Conversation 1

A : Qu'est-ce qui fait partie de la culture traditionnelle au Japon ?

B : Le *sadô* et l'*ikébana* sont très célèbres par exemple.

A : Que sont le *sadô* et l'*ikébana* ?

B : L'*ikébana*, art floral, s'est développé avec le *sadô*, la cérémonie du thé qui remonte à l'époque de Muromachi.

A : C'est une philosophie ?

B : Non. Il s'agit d'une activité artistique. La cérémonie du thé se déroule dans une petite pièce et tous les gestes suivent le code du *sadô* qui a été créé par Senno-Rikyû à l'époque d'Azuchi-Momoyama (1573-1600). On s'assoit sur ses talons et tout en admirant un *kakéjiku* du *Tokonoma*, une peinture sur rouleau accrochée au mur ou une œuvre d'*ikébana*, on prend un thé épais que l'hôte (ou l'hôtesse) prépare en battant le *macha*, du thé vert pulvérisé, dans un bol de porcelaine avec un fouet de bambou. Dans cette pièce, il n'y a plus de distance entre les participants qu'ils se connaissent ou non et tout le monde déguste ce thé en partageant cet espace commun. Le *wabi* et le *sabi* en constituent les règles idéales.

A : Mais que sont ce *wabi* et ce *sabi* ?

B : C'est vraiment difficile à expliquer. Le *wabi* et le *sabi* sont l'extrême simplicitée d'une beauté très raffinée. Par exemple, dans le cas de l'*ikébana*, il ne s'agit pas d'exprimer avec beaucoup de fleurs mais simplement avec une fleur unique grâce à laquelle on réalise une ligne essentielle et parfaite.

A : C'est par économie ?

B : Non, pas du tout. Les étrangers le pensent souvent. Il s'agit en fait de la recherche d'une beauté suprême en éliminant toute ligne superflue. C'est aussi le cas dans le théâtre nô.

A：日本の伝統文化はどんなものでしょうか．
B：良く知られたものでは，生け花とか茶道でしょうね．

A：それは一体どんなものでしょうか．

B：生け花は茶道とともに発達してきたもので，室町時代に遡ることができます．

A：それは哲学なのでしょうか．

B：いいえ．芸術形式による行為とでもいいましょうか．茶道は小さな茶室で行われ，全ての立ち居振るまいは安土桃山時代（1573−1600）に千利休によって確立された作法にのっとって行われます．皆正座して床の間の掛け軸や生け花を鑑賞し，茶碗に茶筅で抹茶をたてたものをいただくのです．そこでは見知らぬ人も知り合いもなく皆一つの空間を共有し，お茶を楽しむのです．侘び，寂というのはその中に理想の法則を内包するものなのです．

A：その侘び，寂というのはなんですか．

B：説明するのはむずかしいですね．侘び，寂というのは，繊細な美の究極の簡素さなのです．生け花を例にとりますと，たくさんの花で表現するのではなく，ただ一輪の花に必要かつ充分な線を表現することなのです．

A：倹約の精神ですか．

B：いいえ．全然違いますよ．外国人はよくそう考えるようですが，それは，余分な線を全て省略してしまうことによって得られる美の極地を探求することなのです．能の美と同じです．

Expressions

se développer	発達する
le côde de sadô	茶道の作法
l'extrême simplicité	究極の簡素さ

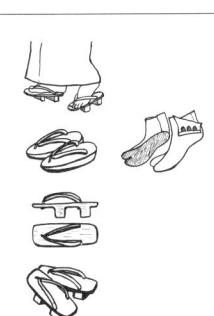

Conversation 1 Vêtements traditionnels : les Kimonos

A : Est-ce que l'on porte des vêtements traditionnels dans la vie quotidienne au Japon ?

B : Le vêtement le plus traditionnel est le *kimono* mais on n'en porte pas dans la vie quotidienne, sauf dans les grandes occasions (cérémonies de remises de diplômes de fin d'études, mariages, enterrements, etc.) ou le jour de l'an. Il existe cependant plusieurs catégories de gens qui portent ces vêtements dans la vie courante.

A : Ah, c'est intéressant. Qui sont-ils ?

B : Ce sont d'abord les *maikos* qui sont des jeunes femmes employées pour divertir les convives pendant les banquets au moyen de danses et de chants. On peut les rencontrer à Kyoto. La façon de réaliser le nœud de leur ceinture (*obi*) dans le dos est très particulière et charmante. On l'appelle « darari no obi ». Vous en verrez sans doute dans les photos de Kyoto.

A : Les hommes japonais ne portent pas de *kimonos* ?

B : Si. Les prêtres shinto (*kannushi*) et les prêtres bouddhistes (*sôryo*) portent eux aussi des *kimonos*. Les *kannushis* en portent pour se dévouer aux soins des divinités et pour réciter des prières dans les sanctuaires dont ils sont chargés. Les *sôryo* eux portent des *kimonos* de type *hoé* avec une tunique particulière en dessus appelée *kesa*. Les lutteurs de *sumô* (*rikishi*) aussi portent des *kimonos* dans leur vie quotidienne et lors des tournois de *sumô*.

A : Merci, c'est très intéressant.

（伝統的衣装：着物）

A : 日本では伝統的な衣裳を日常生活で着用するのでしょうか．

B : 伝統的な衣裳といえば着物ですが… でも人生の節目となる特別な場合（例えば卒業式，結婚式，お葬式等）やお正月を除いて日常生活では着ません．でも日常生活で着物を着る職業の方達もいますよ．

A : へー．それは興味深いですね．どなたでしょう．

B : それはまず舞妓さんです．踊ったり，歌ったりして宴席に侍ってお客を楽しませる役をする若い女性たちです．京都でお目にかかれますよ．帯の結び方が特別でかわいいのです．『だらりの帯』と呼ばれるのです．京都の写真で見られますよ．

A : 男の方は着物を着ないのですか．

B : 着ますとも．神社の僧職の方たち，神主と日本語ではいうのですが，お寺の僧侶のかたも着物を着ます．神主さんは神さまにお仕えする時や自分の神社で祝詞を唱えたりする時には，着物を着ます．僧侶の場合は法衣を着，その上に袈裟と呼ばれる特別の上着をはおるの

です．相撲の力士と日本語でいうのですが，彼らもまた日常生活や相撲の試合の時に着物を着ますよ．

A：ありがとうございました．とても面白かったです．

Expressions utiles

le vêtement traditionnel	伝統的な衣裳
la cérémonie de remise des diplômes	卒業式
la ceinture　帯　cf. ceinture de sécurité	救命胴衣
les nœuds　結び（帯の）	
le kimono formel　紋付	
le veste très court qui porte par dessus le kimono	羽織り
les lutteurs de sumô　力士	
le tounois de sumô　トーナメント試合（相撲の試合）	

Kainokuchi　　Otaiko　　Fukurasuzume　　Bunko

Conversation 2 Sports traditionnels 🔘55

A : Est-ce que tous les Japonais pratiquent le *jûdô* et le *kendô* tous les jours ?

B : Non. Les lycéens pratiquent le *jûdô* ou le *kendo* dans le cadre des programmes scolaires. Cependant, les lycéennes ne pratiquent ni le *jûdô* ni le *kendo* sauf pendant des activités scolaires après la classe que l'on appelle *kurabu-katsudô* en japonais.

A : Et le *sumô* ? Est-ce que tout le monde peut le pratiquer ?

B : Non. Le *sumô*, lutte traditionnelle japonaise est très populaire au Japon comme le baseball mais pour devenir lutteur professionnel, il faut absolument peser plus de 100 kilos. Il y a 6 grands tournois de *sumô* par an. Les lycéens et les amateurs eux pèsent beaucoup moins mais il y a des matchs pour eux aussi.

A : Oh là là... Il n'y en a donc pas beaucoup qui dépassent le poids nécessaire.

B : Oui mais les Japonais aiment beaucoup re-

garder ces 6 tournois de *sumô* qui durent chacun une quinzaine de jours.

A : Moi aussi j'aimerais les voir à la télé. Je veux aussi absolument rencontrer des lutteurs de *sumô* qui pèsent plus de 100 kilos.

（伝統的なスポーツ）

A：日本人は皆毎日柔道とか剣道をするのですか．

B：いいえ．男子高校生たちは柔道か剣道を学校の授業でやります．でも女子高校生は課外活動でない限り柔道も剣道もやりません．

A：それでは相撲はどうですか．皆相撲がとれるんですか．

B：いいえ．相撲は日本の伝統的な格闘技で野球と同様にとても人気は高いのですが… でもプロの力士になるには体重が100キロ以上ということを要求されます．年に興行は六場所あります．高校生やアマチュアはもう少し軽いのですが… 彼らの試合もありますよ．

A：アーララ．そんなに必要な体重を超す人なんて多くはないでしょう．

B：そうなのです．でもテレビで六場所15日間行われる興行を観戦するのは皆好きですよ．

A：私もテレビで見てみたいな．それに100キロを超すお相撲さんに会ってみたいよ．

Expressions

une lutte traditionnelle	伝統的格闘技
un lutteur de sumô	力士
six grands tournois	六場所
peser ... kilos	体重〜キロである
dépasser le poids	重量を超える

Le Kabuki

L'histoire du Kabuki

Le kabuki est un des arts traditionnels de la scène japonais qui existe depuis la période d'Edo (17ème siècle) et qui se joue en costumes d'époque sur une scène dédiée à ses représentations.

1603 Okuni (une femme japonaise d'Izumo) et sa troupe dansent les premières kabuki odori (danses excentriques) sur les berges de la rivière Kamô à Kyôto, près de l'artère Shijô.

1629 Au nom de la morale, le pouvoir shôgunal interdit le kabuki des femmes (onna kabuki).

1652 Le pouvoir shôgunal interdit le kabuki des jeunes hommes (wakashû kabuki).

1653 Le pouvoir shôgunal autorise seulement le kabuki des hommes adultes (yarô kabuki).

1693 La première pièce écrite par la dramaturge Chikamatsu Monzaémon pour le grand acteur Sakata Tôjûrô I est jouée au théâtre de Miyako Mandayû. Il s'agit de "Butsumo Mayasan Kaichô" et la distribution inclut les acteurs Yamashita Hanzaémon, Yoshizawa Hayame, Kirinami Senjû, Kanéko Kichizaémon et Iwai Heijirô.

1709 Les quatre théâtres d'Edo (Nakamuraza, Ichimuraza, Moritaza et Yamamuraza) programment simultanément un sogamono (une pièce qui met en scène le thème de la vengeance parmi des samouraïs (guerriers japonais) et du giri-ninjô qui désigne une obligation morale stricte (giri) qui naît d'un lien quelconque et qu'il faut accomplir pour ne pas perdre la face par respect humain (ninjô)).

1724 Mort de Chikamatsu Monzaémon (1635-1724)

La mise en scène du kabuki

- Mie

  Le terme mie désigne la posture que l'acteur prend lorsqu'une émotion atteint son paroxisme et qu'il arrête son mouvement et qu'il conserve un regard fixe quelques instants.

- Tachimawari

  Le terme désigne une scène de combat qui n'est pas réaliste mais stylisée.

- Kumadori

  Le terme désigne le maquillage spécial peint le long des traits et de l'ossature du visage.

Les personnages

- Tachiyaku

  Ce nom désigne l'ensemble des rôles masculins ou les rôles masculins principaux.

- Aragotoshi

  Ce nom désigne le héros combattant pour la justice. Il est maquillé en kumadori rouge.

- Wagotoshi

  Ce nom désigne le séducteur ou l'amant.

- Onnagata (Oyama)

  Ce nom désigne l'acteur qui joue un rôle féminin.

Le Nô et le Kyôgen

Le nô trouve son origine dans l'art du dengaku (des danses et des musiques rituelles effectuées dans le milieu agricole) et du sarugaku (un art des mimiques) de l'époque de Kamakura et s'est développé comme un art de la scène accompagné de musique qui a intégré les magnifiques danses et les musiques de l'époque de Muromachi. Les très célèbres Kan'ami et Zeami ont beaucoup apporté au nô et en ont fait un art théâtral accompli.

La scène

A ses origines, le nô avait lieu dans des sanctuaires shinto ou des temples bouddhistes mais de nos jours, ses représentations sont données dans des théâtres de nô spécialisés que l'on trouve dans la plupart des grandes villes japonaises telles Tokyo, Osaka ou Nagoya... La scène est légèrement surélevée par rapport aux spectateurs et les acteurs font leur entrée en franchissant un rideau (agemaku) et en traversant un passage (hashigakari) conduisant à la scène principale (butai).

Les rôles du théâtre nô

Il existe bien sûr de nombreuses pièces et personnages dans le théâtre nô. On peut y voir notamment Tsure (un compagnon de Shite qui est le personnage principal masqué) et Waki (le personnage qui le soutient et qui contrairement à beaucoup des personnages ne porte pas de masque) apparaître dans plusieurs de ces pièces.

Le kyôgen

Il existe deux sortes principales de kyôgen qui sont le honkyôgen dont les représentations sont données indépendamment et le aikyôgen qui est lui joué en interlude au cours des représentations de nô dans un programme commun.

Le rôle principal est appelé Shite tandis que son compagnon est lui appelé Ado.

Les men (masques utilisés dans le nô et le kyôgen)

Pour le nô, on trouve principalement :

- Les Onna-men pour les rôles féminins.
- Les Jou-men pour les rôles de personnages âgés masculins.
- Les Hannya pour les rôles de démons féminins.

Pour le kyôgen, on trouve par exemple :

- Les Kitsune, masques de renard.
- Les Ebisu, nom du dieu du commerce.

Le nô est donc un art dramatique lyrique tandis que le kyôgen est un art de la scène plus comique ; les deux combinant musique, danse et poésie à travers des formes qui se transmettent depuis les temps les plus anciens.

Noh Masques

Ko-Omote   Okina   Hannya Démon   Renard   Sanga

Le Sushi

Le sushi est un des plats les plus célèbres de la cuisine japonaise et il remporte également du succès à l'étranger puisque de nombreux restaurants japonais le proposent à leurs clients.

Il existe cependant plusieurs sortes de sushi qui peuvent être distinguées :

Le nigirizushi

Le niguirizushi est le plus connu parmi les sushi. Il consiste en une ou plusieurs lamelles de poisson cru et de la moutarde raifort japonaise (wasabi) couronnant une boulette de riz que l'on trempe généralement légèrement dans une sauce de soja avant de la consommer. Nigiri désigne en japonais le fait de serrer dans sa main une boulette de riz pour lui donner sa forme avant d'y placer les autres ingrédients.

L'inarizushi

L'inarizushi a une forme très différente du nigirizushi puisqu'il consiste en une enveloppe à base de soja sucrée et frite à l'huile et à l'alcool de riz (sake) dans laquelle on bourre une boulette riz avant de la refermer afin qu'elle en maintienne la forme.

L'oshizushi

L'oshizushi est un sushi de forme carrée qui est préparé dans une boîte en bois. Le riz du sushi est d'abord disposé au fond de la boîte et le poisson (tel que de l'anguille grillée ou du maquereau mariné) est placé au dessus. (L'opération est répétée plusieurs fois afin de former deux ou trois couches.)

Devenez un spécialiste des sushi

La préparation du riz pour les sushi

1) Préparez le riz de façon à ce qu'il soit un peu dur. (Il suffit d'utiliser moins d'eau que dans la préparation habituelle du riz : 3C de riz et 3C d'eau. 1C=180ml)

Préparation de la sauce au vinaigre

2) Mélangez le vinaigre (4 cuillères à soupe), le sucre (2 cuillères à soupe) et le sel (3/4 d'une petite cuillère)
3) Pendant que le riz est encore chaud, ajoutez-y la sauce au vinaigre que vous venez de réaliser. Mélangez le tout vigoureusement avec une grande cuillère plate en bois dans un mouvement coupant tandis que vous refroidissez le riz au moyen de tout instrument se rapprochant d'un éventail qu'il faut agiter sans faiblir afin de faire rapidement refroidir le riz et lui donner son brillant.

Les norimaki

1) Mettez en place le nori (grande feuille d'algue séchée) sur le tapis à rouler en bambou et étalez-y le riz en mettant au milieu la garniture.
2) En utilisant le tapis à rouler en bambou, roulez le tout jusqu'à ce que les deux extrémités de nori se rejoignent pour former un parfait cylindre.
3) Coupez le norimaki réalisé en tranche avec un couteau. Il est recommandé de mouiller le couteau après chaque coupe avec un tissu imbibé d'eau et de vinaigre pour réaliser des tranches parfaites.

Le chirashizushi

1) Coupez très finement des carottes, des racines de lotus et des champignons shiitake. Faites cuire le tout dans 2/3C de bouillon

à base de poisson, trois cuillères à soupe de sauce de soja, une cuillère à soupe de mirin (un alcool japonais pour la cuisine à base de riz), une cuillère à soupe de sake (alcool de riz japonais) et deux cuillères à soupe de sucre avant d'éliminer le bouillon. 1C =200 ml

2) Mélangez tous ces ingrédients, des kinusaya (pois japonais) finement coupés et bouillis et le irigoma (sésame grillé) avec le riz à sushi (voir la première partie pour sa recette) et mélangez bien.

3) Placez le riz réalisé dans un plat et posez y du thon, du saumon, des crevettes et de l'omelette kinshi (une omelette coupée en bandes très fines) en décoration finale.

寿司 Le Sushi

Niguiri
にぎり 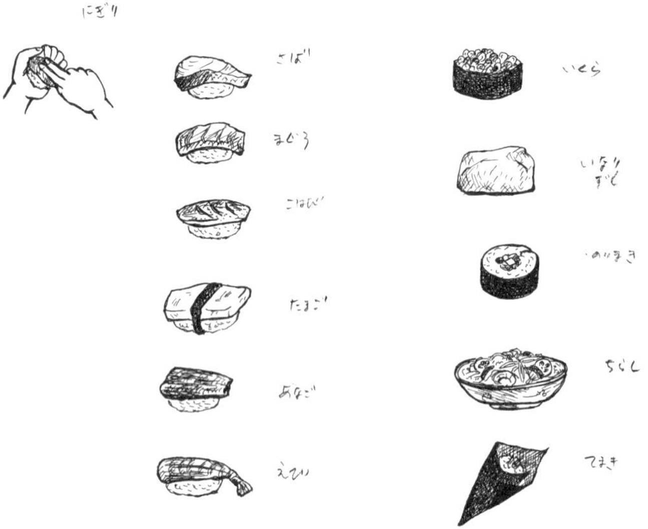

こはだ
まぐろ
こはだ
たまご
あなご
えび

いくら
いなりずし
のりまき
ちらし
てまき

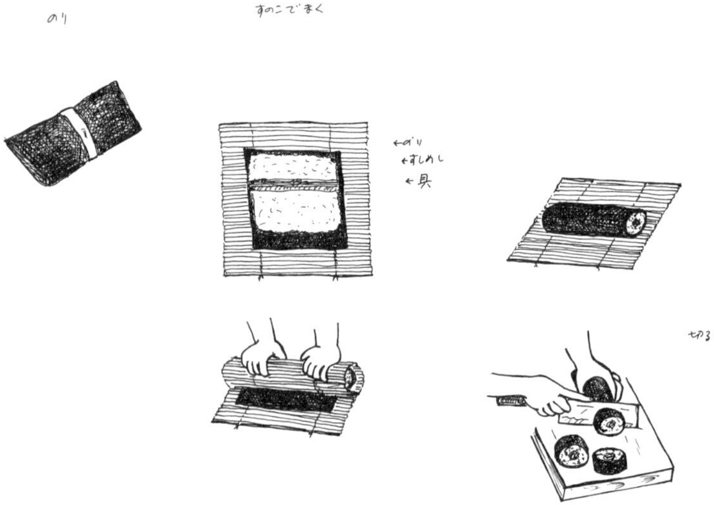

のり

すのこでまく

←のり
←すしめし
←具

切る

VOCABULAIRE

A

à la fois ～と同時に 94
à pied 歩いて 25
absolument 絶対に 103
accepter / j'accepte 受け入れる、使える 34
accident (un) 事故 73
accueillir / j'accueille 迎える、受け入れる 78
acteur (un) 俳優 105
activité (une) 活動 97
actuellement 現在、今のところ 56
adapté に対応する 77
addition (l') 勘定、足し算 34
admirer 鑑賞する 97
adorer / j'adore 大好きである 8, 91
adresse (une) 住所 62
aéroport (l') 空港 63
agence de voyage (une) 旅行代理店 48
agiter 振るう 110
agricole 農業の 107
aide (une) 手伝い 71
aider / j'aide 手伝う、助ける 20
aimer / j'aime 好きである、好む 8
ajouter / j'ajoute 付け加える、足す 76

algue séchée (une) 海苔 110
algue (une) 海藻 76
aliment (un) 食品 74
alimentation (l') 食料品 55
aller / je vais 行く 18
allergie (une) アレルギー 73
aller-retour (un) 往復（切符）49
allô もしもし 11
amant (un) 愛人 106
amateur (un) アマチュア 103
ambassade (une) 大使館 71
ambulance (une) 救急車 67
ami (un, une) 友達 6
amitié (l') 友情 15
an (un) 歳、年 9
anguille (une) 鰻 109
anguille de mer (une) 鱧 75
anguille (une) 鰻 74
animisme アニミズム 94
anniversaire (un) 誕生日 37
annonce (une) お知らせ、報告 60
août 8月 21
appareil photo (un) カメラ 54
appareil (l') 機械 11
apparence (une) 外見 88
(se) appeler / je m'appelle 私は～と言います 5
appeler / j'appelle 呼ぶ 67

apprécier 楽しむ 92

appuyer / j'appuie 押す 60

après 後 27

après-midi (un, une) 午後 11

arbre (un) 木 94

argent (de l') お金 60

arrangement des fleurs (l') 生け花 50

arrêt (un) 停留場 16

arriver / j'arrive 着く, 届く 63

art floral (l') 生け花 51, 97

artistique 芸術的な 97

assaisoné 風味をつけた 76

assister / j'assiste 参加する, 見学する 50

assurance (une) 保険 73

attendre / j'attends 待つ 24

au dessous / en dessous もう一つ上 36

au dessus / en dessus もう一つ下 36

au feu 火事だ！ 73

au revoir さようなら 2

au secours 助けて！ 72

aujourd'hui 今日, 現在 50, 88

aussi ～も 10

automatique 自動的 52

autre côté 向こう側 73

autre 別 38

avance 前もって, 早めに 24

avec ～と一緒に 48

avertissement (un) 警告 73

avion (un) 飛行機 20

avoir / j'ai 持つ, ある 30

avoir la diarrhée 下痢している 67

avoir mal / j'ai mal 痛い 65

avril 4月 21

B

baignoire (une) 浴槽 88

bain de boue (un) 泥湯 91

bain de sable (un) 砂風呂 91

bain public (un) 銭湯 88

ballet (un) バレエ 23

banlieue (la) 郊外 54

banquet (un) 宴会 100

bateau (un) 船 11

bâtiment (un) 建物 58

battre かき混ぜる 97

beau 美しい 25

beaucoup たくさん, とても 6

beige ベージュ 25

beignets (des) フライ 76

berge (la) 川沿い 105

bibliothèque (la) 図書館 27

bien sûr 勿論 50

bientôt もうすぐ 41

bienvenue ようこそ 2

bière (une) ビール 31

billet (un) 切符 48

blanc 白 25

blé noir (du) 蕎麦 77

blessure (une) 傷 73
bleu 青 25
boire / je bois 飲む 32
bois 木製 109
boîte (une) 箱 60, 109
bol (un) お椀 97
bon 良い 32
bonjour こんにちは 2
bonsoir こんばんは 2
boucherie (la) 肉屋 55
bouddhiste 仏教の 94
bouilli 茹でた, 沸騰した 76
bouillon ブイヨン 76
boulangerie (la) パン屋 30
boulette (une) だんご 77, 109
bouton (un) ボタン 60
bricolage (le) 日曜大工 55
brillant 輝く 110
brochette (une) 串 77
brun 茶色 25
bureau des objets-trouvés (le) 遺失所 69
bureau (un) 事務所, 局 70
bus / autobus (un) バス 16

C

café (un) コーヒー, 喫茶店 31
capacité (la) 収容人数 78
carnet (un) 切手シート, 回数券 45
carotte 人参 110
carré 四角い 109

carte bancaire (une) 銀行カード 34
carte d'identité (une) (フランス人が皆持つ) 身分証明書 52
carte de crédit (une) クレジットカード 52
cartes (des) トランプ 11
cascade (une) 滝 91
caserne (la) (消防) 本部 65
catastrophe (une) 災害 73
catégorie (une) 種類 100
ceinture (une) 帯び 100
ceinture (une) ベルト 57
célèbre 有名 97
centre ville (le) 街の中心部 54
cérémonie de remise des diplômes de fin d'études (la) 卒業式 100
cérémonie de thé (la) 茶の湯 97
cérémonie du thé (une) 茶道 77
champignon (un) キノコ 77
changer 変える 88
chant (un) 歌 100
chanteur (un) 歌手 56
charmant 愛嬌のある 100
chaud 暑い (天気), 熱い (食べ物) 24
chauffeur (le) 運転手 60
chaussures (des) 靴 36
chemin (un) 道 26
chèque (un) 小切手 34

chercher / je cherche 探す 16

chirurgien (un) 外科医 73

chocolat (un) ココア, チョコレート 31

choisir 選ぶ 32

choux (un) キャベツ 77

chrétien キリスト教の 94

ciboulette (de la) ねぎ 77

cinq 五 22

cinquième 五番 20

citron (un) レモン 77

code (un) 作法 97

combat (un) 戦い 106

combattre 戦う 106

combien いくつ？ いくら？ 58

comique 喜劇的 108

commander / je commande 注文する 31

comment どう？ 2

commerce (le) 商売 108

commun 共通の 98

communication (la) 通信, コミュニケーション 56

compagnie (une) 会社, 企業 9

compagnon (un) 仲間 108

compliqué 複雑 29

concert (un) コンサート 23

confiance (la) 信用 32

congre (un) 穴子 75

connaissance (la) 知り合うこと 3

connaître / je connais 知る 3

(se) connaître 知り合いである 98

conseiller / je conseille 薦める 32

consommer / je consomme 食べる 76

construire 建築する 95

consulat (le) 領事館 71

consulter / je consulte 閲覧する 65

contenu (le) 内容 45

continent (un) 大陸 94

contradictoire 矛盾する 95

conversation (une) 会話 2

convive (un) 同席者 100

corps (un) 身体 91

costume d'époque (un) 昔の衣装 105

couche (une) 段 109

couleur (une) 色 37

courir / je cours 走る 72

cours (un) 授業 50

courses (des) 買い物 35

couteau (un) ナイフ 110

coûter / il coûte （お金が）かかる 19

crabe (un) 蟹 76

cravate (une) ネクタイ 37

crêpe (une) クレープ 77

crevette (une) 蝦 111

croire 信仰する 94

croissant (un) クロワッサン 31

cru 生 76, 109

cuillère à soupe (une) 大匙 110

cuire / je cuis 焼く 77

cuisinier (un) 調理師 75

culture (la) 文化 50

cure thermale (une) 温泉治療 91

cyber-café (un) インターネットカフェ 56

cylindre (un) シリンダー 110

cylindre (un) 円柱 77

D

d'accord かしこまりました，分かりました 50

danse (la) 踊り，ダンス 23

décembre 12月 21

déclaration de vol (une) 盗難届け 71

décontracté リラックスした 92

décoration (la) 飾り，装飾 77, 111

décrire / je décris 様子を説明する 69

déguster / je déguste 味わう 74

déguster 味見する 98

(se) dérouler 行われる 97

demain 明日 21

demander / je demande 訪ねる，聞く 14

démon (un) 悪魔 108

dentiste (un) 歯医者 39

dépendre / ça dépend ～による 58

depuis longtemps 昔から 92

depuis ～から 9

déranger / je dérange 邪魔する 48

dernier 最後，先（週，月） 23

derrière ～の後ろ 16

descendre / je descends 降りる 19

désolé 申し訳ない 11

dessert (un) デザート 32

destination (la) 行き先 60

(se) détendre くつろぐ 91

deux 二 22

deuxième 二番 20

devant ～の前 16

devoir / je dois ～しなければならない 18

dévotion 崇拝 94

(se) dévouer 献身する 101

dictionnaire (un) 辞書 35

différent 違った 88

dimanche (un) 日曜日 22

diplômé 資格がある 75

dire / je dis 言う 73

disque (un) レコード，CD 56

distance (la) 距離 97

distinguer 区別する 109

distribution (la) 配役 105

divertir 楽しませる 100

divinité (une) 神 101

dix 十 22
dos (le) 背中 67, 100
douane (la) 税関 45
douleur (une) 痛み 73
doux 柔らかい 76
dramaturge (un) 劇作家 105
droit 右 16
dur 堅い 110
durer 時間がかかる 104

E

eau chaude お湯 91
eau (l') 水 32
effectivement 確かに 75
effet bénéfique (un) 効能 92
effet esthétique (un) 美容効果 91
électroménager (l') 家庭電化製品 54
élégant 優雅, エレガント 37
éliminer 省略 98
e-mail (un) メール 56
emmener / j'emmène 連れて行く 67
émotion (une) 感情 106
employé 社員, 雇用者 9
employer 雇う 100
empoisonné 毒入り 74
en cas de の場合 65
en fait 実際は 50
en général 一般的に, 普段 91
en particulier 特に 74

en principe 原則的に 77
enchanté 初めまして 3
endroit (un) 場所 58
enroulé 巻き 76
ensemble 一緒 10
entendu かしこまりました, 分かった 41
enterrement (un) 葬式 100
enveloppe (une) 包み 109
environ 位, およそ, 約 13
envoyer / j'envoie 送る 42
épais 厚い 97
époque (une) 時代 89
équipe チーム 80
équipé 備えた 88
essayer / j'essaye 試す 36
essentiel 本質的な 98
estomac (l') 胃 65
étage (un) 階 58
étrange 不思議 95
étranger 見知らぬ 98
être / je suis 〜です 5
être enterré 埋葬される 95
être évacué 避難された 72
étudiant (un) 学生 94
étuvé 蒸す 77
éventail (un) 扇子 110
exactement 正確に, 正に 14
excentrique 風変わり 105
excusez-moi すみません 16
exister 存在する 100

expliquer 説明する 98

exposition (une) 展覧会 23

extérieur 外の 88

F

façon 方法 88

faible 弱い 67

faiblir 弱くなる 110

faire / je fais する 10

faire des courses 買い物をする 52

falloir / il faut ～しなければならない 19

fameux 有名 76

farine (la) 小麦粉 77

fatigué 疲れた 67

femme (une) 妻, 女性 6

feu d'artifice (un) 花火 23

feuille (une) 一枚 76

février 2月 21

fièvre (de la) 熱 67

fille (une) 娘, 女の子 6

fils (un) 息子, 男の子 6

fixe 固定 106

foie (le) 肝臓 67

fois (une) 回 40

forme (la) 形 69

formulaire (un) 申込書, 手続き 45

fort 強い 10

fouet (un) 笊 97

frais 新鮮 75

français-anglais 仏英 35

fréquenter 通う 88

frit フライ 109

froid 寒い (天気), 冷たい (料理) 25

fruit (un) 果物 55

fruits de mer (des) 海の幸 76

G

garder / je garde 取っておく 34

gare (la) 駅 16

garniture (la) 付け合せ 110

gastronomique 美食 32

gâteau (un) お菓子 32

gauche 左 16

général (en) 一般的に 44

genre (un) 種類 8

gens (les) 人々 100

gentil 優しい 48

gingembre 生姜 77

gorge (la) 喉 67

gourmet (un) グルメ 75

goûter / je goûte 味わう 74

grâce à ～のお陰で 98

grand magasin (un) デパート 30

grand 大きい 58

grande occasion 冠婚葬祭 77, 100

gratuit 無料 58

grillé グリル 77

gris 灰色 25

guerre (une) 戦争 95

guichet (un) 受け付け, 窓口 48

guitare (une) ギター 11

H

habiter / j'habite 住む 5
habituel 普通の 110
haricots rouges (des) 小豆 77
héros (le) 主人公 106
heure (une) 時間, 時 13
hôpital (un) 病院 65
hôte (un), hôtesse (une) もてなす人 97
huit 八 22

I

ici ここ 35
idéal 理想的な 98
identique 同一の 88
imbibé 湿った 110
impatient 楽しみにする 24
impossible 不可能 94
incluant ～を含む 78
inclure 含める 105
indépendamment 別々で 107
indigestion (une) 消化不良 73
inflammation (une) 炎症 73
informatique (l') コンピューター関係 55
ingrédients (des) 材料 109
inquiéter (se) / je m'inquiète 心配する 48
instrument (un) 道具 110
interdire 禁止する 105
intéressant 面白い 9

international 国際的 50
invitation (une) 招待（状） 22

J

jambe (la) 脚 67
janvier 1月 21
jaune 黄色 38
jeudi (un) 木曜日 22
jeune (un) 若者 57
jouer / je joue 遊ぶ, プレーする, 演奏する 10
jour de l'an (le) お正月 100
jour férié (un) 休日 66
jour (un) 日 9
journal (le) 新聞 65
juillet 7月 21
juin 6月 21
jus d'orange (un) オレンジジュース 31
jusqu'à ～まで 52
justice (la) 正義 106

L

la plupart 殆どの 94
laisser / je laisse 残す 15
lamelle (une) 薄い一切れ 76, 109
laver 洗う 88
le plus… possible 出きる限り 71
légèrement 軽く, 少しだけ 76, 107
légume (un) 野菜 55
lentilles de contact (des) コンタ

クトレンズ 65
lettre (une) 手紙 42
librairie (la) 本屋 55
libre 自由, 暇 21
lien (un) 絆 105
limande (une) 鰈（かれい） 74
lingerie (la) 下着 55
liquide (en) 現金（で）46
lire / je lis 読む 10
loin de ～から遠い 16
long 長い 44
lundi (un) 月曜日 22
lunettes (des) 眼鏡 57
lutteur de sumô (un) 相撲取り 101
lycéen (un) 高校生 103
lyrique 抒情的 108

M

mach (un) 試合 103
madame ミセス 2
mademoiselle ミス 2
magasin (un) 店 56
mai 5月 21
maintenir 保つ 109
mairie (la) 市役所 30
mal 痛み, 悪い 37
malade 病気 68
mallette (une) アタッシュケース 69
manger / je mange 食べる 75

maquereau mariné (un) しめ鯖 109
maquillage (un) 化粧 106
mardi (un) 火曜日 22
mari (un) 夫, ご主人 6
mariage (un) 結婚 100
(se) marier 結婚する 95
marron 栗色 38
mars 3月 21
masque (un) 仮面 108
masser マッサージする 91
matin (un) 朝 10
mauvais 悪い 25
médecin (un) 医者 9
médicament (un) 薬 67
mélange 混ぜ, ミックス 76
melanger 混ぜる 110
membre (un) メンバー 88
menu (un) メニュー 32
mer (la) 海 75
mercredi (un) 水曜日 22
message (un) メッセージ 15
mettre / je mets 着ける, 置く, 入れる 60
mimique 身振り 107
mince 薄い, 痩せている 76
mise en scène (la) 演出 106
mixte 男女一緒の 89
mode (la) 流行 57
modèle (un) モデル（型）37
moi-même 自分自身 68

moins de より少なく 110

moins より少ない 44

mois (un) 月、〜ヶ月 9

moment (en ce) 今のところ 13

monnaie (la) おつり、小銭 34

monsieur ミスター 2

montagne (la) 山 75

monter / je monte 登る 60

morale (la) 道徳 105

moutarde raifort (de la) 山葵 109

mouvement (un) 動き 106

mur (un) 壁 97

N

naturel 自然、当然 71

nausée (la) 吐き気 67

navette (la) シャトルバス 64

né 生まれた 5

nécessaire 必要 103

neiger / il neige 雪が降る 25

nettoyer / je nettoie 洗う、磨く 65

neuf 新しい、新品 22

nœud (un) 結び目 100

noir 黒 25

normal 普通 42

nouilles (des) 麺 74

Nouvel An 新年 77

novembre 11月 21

nu 裸 89

nuage (un) 雲 25

nuit (la) 夜 65

numéro de téléphone (le) 電話番号 65

numéro (le) 番号 60

numéroté 番号が付いてる 60

O

obligation (une) 義理 105

occasion 機会 77

occupé 忙しい 41, 92

octobre 10月 21

origine 起源 107

ossature (une) 骨 106

où どこ 18

oublier / j'oublie 忘れる 52

ouvert 開いている 52

P

pantalon (un) ズボン 56

paquet (un) 小包 42

par économie 経済的に 98

par exemple 例えば 73

par ici こちら 35

pardon すみません 16

parfait 完璧 24, 98

parfois 時々 10

parler / je parle 話す 48

paroxisme (le) 絶頂 106

partager 分かち合う 98

participant (un) 参加者 97

particulière 特別 100

particulièrement 特別に 8

passage (un) 通路 107

passeport (un) パスポート 45

(se) passer / il se passe （物事が）起きる 50

passer / je passe 過ごす 11

passe-temps (un) 趣味 9

pâte (la) 生地, パスタ 77

payer / je paye 払う 34

peau (la) 皮膚 91

peinture (la) 絵 23, 97

pendant 〜の間 59

penser / je pense 思う 48

perdre / je perds 失う, 負ける 69

perdre la face 面目を失う 105

personnage (un) 登場人物 107

personne âgée (une) お年寄り 92

peser 重さが…である 103

petit 小さい 36

petite cuillère (une) 小匙 110

peuple (le) 国民 95

peut-être 多分 71

pharmacie (la) 薬屋 65

philosophie (une) 哲学 97

piano (un) ピアノ 11

pièce (une) 部屋 97

pièce d'identité (une) 身分証明書 45

pied (le) 足 67

pilé 砕く 77

piment 唐辛子 76

piqûre (une) 注射 73

placé 置かれた, 設定された 77

plaisir (avec) 喜んで 11

plan (un) 地図 29

planche à voile (une) ウインドサーフィン 11

plante 植物 77

plat 平ら 110

plat (un) 料理 74

pleuvoir / il pleut 雨が降る 25

plus tard 後で 50

plusieurs いくつかの 35

pointure (la) 靴のサイズ 36

poisson (le) 魚 32

poissonnerie (la) 魚屋 55

pont (un) 橋 29

populaire 有名, 人気のある 56, 103

porcelaine 陶器 97

portable (un) 携帯 55

porte (la) ドア 60

porter 着る 100

poste de police (un) 交番 71

poste (la) 郵便局 17

posture (une) 仕草 106

pot-au-feu (un) ポトフ 77

poulet (du) チキン 77

pourquoi どうして 23

pousses de soja (des) もやし 77

pratiquer 練習する 103

précis 正確, 明確 39

préfecture (la) 県庁 50
premier 一番 7
prendre un bain お風呂に入る 88
prendre / je prends 取る, 乗る, 選ぶ 17
préparer / je prépare 作る, 準備する 74
près de 〜の近く 16
présenter / je présente 紹介する 6
prêtre (un) 神主, お坊さん 101
prière (une) お経, 祈り 101
principal 主な 65
pris 忙しい, 都合が悪い 40
prix (le) 値段 60
probablement おそらく 69
problème (un) 問題 21
prochain 次, 来 (週, 月) 21
profond 深い 88
programmer プログラムを組む 105
programmes scolaires (les) 学校の科目 103
promenade (une) 散歩 75
pulvérisé 粉末状 97

Q

quand même それでも 29
quartier (un) 地区 29
quatre 四 22
quatrième 4番 19

quel(le) (s) (les) どれ 17
quelques instants 暫く 106
quenelle (une) クネル 77

R

racine (une) 根 77
racines de lotus 蓮根 110
raffiné 洗練された 98
râpé おろし 76
rapidement 速く 71
rappeler / je rappelle （電話を）かけなおす 13
rayon (un) 売り場 35
rayons-X (les) X線 73
réaliste 現実的 106
récemment 最近 56
réception (une) 宴会 77
(se) réchauffer 身体を温める 91
recherche 探求 98
réciter 唱える 101
recommandé 速達 42
reçu (un) 領収書 69
refermer 閉め直す 109
réfléchir / je réfléchis 考える 32
refroidir 冷やす 110
région (une) 地方 74
reins (les) 腰 67
relation (une) 関係, 交流 50
religion (une) 宗教 94
religion judaïque (la) ユダヤ教 95

religion musulmane (la) 回教 95

renard (un) 狐 108

rendez-vous (un) 会う約束 39

rentrer / je rentre 帰る 4

repasser / je repasse 又来る 50

représentation (une) 上演 105

réserver / je réserve 予約する 48

résider 宿る 94

respect (le) 尊敬 105

ressembler 似る 88

rester / je reste 残る 50

résultat (le) 結果 80

retirer / je retire 取る, 外す, 片付ける 52

retour (un) 帰国, 帰り 95

retrouver (se) 会う, 待ち合わせる 21

rez-de-chaussée (au) （日本の）一階 35

rhumatismes (des) リュウマチ 91

rideau (un) 幕, カーテン 107

rituel 儀式 107

riz 米, ご飯 77

robe (une) ドレス 37

rocher (un) 岩 94

rôle principal (le) 主役 106

rose ピンク 77

rouge 赤 24

rouleau (un) 巻き 97

rue (une) 道 26

S

s'asseoir 座る 97

s'il vous plaît お願いします 11

saigner / je saigne 出血する 67

salade de fruits (une) フルーツサラダ 32

sale 汚れた 88

salutation (une) 挨拶 3

samedi (un) 土曜日 22

sanctuaire 神社 101

sapeur-pompier (un) 消防士 65

sauce (une) ソース 76

sauf 以外 103

saumon (le) 鮭 111

sauna (un) サウナ 91

sauvage 野生の 77

savoir / je sais 知る 10

scène (la) 舞台 105

secousses secondaires (des) 余震 73

section (la) 局, 部 50

séducteur (un) 誘惑者 106

semaine (une) 週 21

sembler / il me semble ～のような気がする 50

sept 七 22

septembre 9月 21

serrer 握る 109

service (un) サービス 66

sésame (le) 胡麻 111

seulement ～だけ, ただ 74

shintoïste 神道の 94

signer / je signe サインする 45

simple 単純, 簡単 18

simplicité 簡潔さ 98

simultanément 同時に 105

situé ～にある 55

six 六 22

ski (du) スキー 11

soigner 治療 91

soin 世話 101

soir (un) 夕方 11

soja (du) 醬油 76

soleil (le) 太陽 25

sonnerie (une) チャイム 60

sorbet (un) シャーベット 32

sortie (une) 出口 73

sous-sol (le) 地下 59

spécialiste (un) 専門家 110

spécialités régionales (des) 地方名産 74

spectacle (un) 催し物 23

spirituel 精神的な 95

sport (le) スポーツ 8

sportif スポーツマン 10

stade (un) スタジアム 17

station thermale (une) 温泉地 88

station (une) センター 16

stricte 厳しい 105

stylisé 様式化された 106

stylo (un) ボールペン 29

succulent とても美味しい 74

sucré 甘い 109

suivre / je suis 付いて行く 71

superflu 無駄 98

supermarché (un) スーパーマーケット 30

suprême 絶頂 98

sur l'échelle de Richter マグニチュードの規模で 73

surnommé ～の愛称で呼ばれている 78

surtout 特に, とりわけ 8

symptomes (des) 症状 67

syncrétisme (le) 混合主義 95

T

taille (la) （服の）サイズ 36

talon (un) 踵 97

taxi (un) タクシー 62

télécarte (une) テレフォンカード 15

téléphoner / je téléphone 電話する 12

télévision (une) テレビ 55

temps 時間, 天気 9

tête (la) 頭 67

thé (un) お茶 31

théâtre (un) 劇場 105

ticket (un) 切符 19

timbre (un) 切手 42

tolérant 寛容のある 95

tournoi (un) 大会 101

tous les jours 毎日 103

tout de suite すぐ 36

tout droit 真直ぐ 26

tout le monde 皆 72, 92, 103

toutes sortes de 色々な 74

traditionnel 伝統的 97

train (un) 電車 20

tranche (une) 一切れ 76, 110

tranquillement 静かに 10

transmettre / je transmets 伝える 14, 95

travail (un) 仕事 9

traverser 渡る 29

tremblement de terre (un) 地震 73

trembler / je tremble 震える 67

tremper / je trempe 浸す 76

très bien とてもよい 64

trois 三 22

troisième 3番 20

(se) tromper / je me trompe 間違う 17

trou (un) 穴 77

(se) trouver / il se trouve ～にある, ～にいる 55

trouver / je trouve 見つける 65

U

un peu 少し 74

un 一 22

urgence (une) 救急 65

urgent 至急 42

utiliser / j'utilise 使う 58

V

valeur (la) 価値 45

vapeur (la) 蒸気, 蒸す 77

variété (une) 種類 74

vendre / je vends 売る 35

vendredi (un) 金曜日 22

vengeance 復讐 105

venir / je viens 来る 23

vent (du) 風 25

ventre (le) お腹 67

vérifier / je vérifie 調べる, 確かめる 50

vers ～に向かって 39

vert 緑 37

vêtement (un) 衣類 100

vêtement (un) 洋服 55

viande (la) 肉 32

vidéo (une) ビデオ 55

vie quotidienne (la) 日常生活 100

vie (une) 人生, 生活 9

vigoureusement 強く, 激しく 110

ville (une) 街 78, 89

vinaigre (du) 酢 76, 110

violente pluie (une) 豪雨 73

violet 紫 38

visage (un) 顔 106

vivre / je vis 暮す, 生きる 74

voilà これです，こちらです 34
(se) voir 会う 4
voir / je vois 見る 4
voler / je vole 盗む 71
volontiers 喜んで 11
vouloir / je veux 欲しい，〜したい 11

vraiment 本当に 10

W
week-end (un) 週末 10

あなたにもできる
やさしいフランス語ガイド

別府大学教授　井　上　富　江　著

大分県国際交流員　Stéphane CLAIR

定価（本体 950円＋税）

2002. 6. 10 初版印刷
2002. 6. 20 初版発行

発行者　井　田　洋　二

〒 101-0062 東京都千代田区神田駿河台 3 の 7
発行所　電話 03(3291)1676 FAX 03(3291)1675
　　　　振替 00190-3-56669

株式会社　駿河台出版社

製版　フォレスト／印刷　三友印刷

ISBN4-411-00486-0 C0085　¥950E

http://www.surugadai-shuppansha.co.jp